U0852397

好书精读 Master 15'

商业新闻出版公司和轻松读文化事业有限公司提供内容支持

斯坦福教授教给领导者的管理箴言

轻松读大师项目部　编

中国言文出版社

图书在版编目（CIP）数据

斯坦福教授教给领导者的管理箴言：大字版 / 轻松读大师项目部编. —北京：中国盲文出版社，2017.6

ISBN 978－7－5002－7956－3

Ⅰ. ①斯…　Ⅱ. ①轻…　Ⅲ. ①企业领导学　Ⅳ. ①F272.91

中国版本图书馆 CIP 数据核字（2017）第 147109 号

本书由轻松读文化事业有限公司授权出版

斯坦福教授教给领导者的管理箴言

编　　者：轻松读大师项目部
出版发行：中国盲文出版社
社　　址：北京市西城区太平街甲 6 号
邮政编码：100050
印　　刷：北京汇林印务有限公司
经　　销：新华书店
开　　本：787×1092　1/16
字　　数：70 千字
印　　张：10.75
版　　次：2017 年 6 月第 1 版　2017 年 7 月第 1 次印刷
书　　号：ISBN 978－7－5002－7956－3/F・171
定　　价：38.00 元
销售热线：（010）83190297　83190289　83190292

版权所有　侵权必究　　　印装错误可随时退换

出版前言

数字文明为我们求知问道、拓展格局带来空前便利，同时也使我们深受信息过剩、知识爆炸的困扰。面对海量信息，闭目塞听、望洋兴叹固非良策，不分主次、照单全收更无可能。时代快速变化，竞争不断升级，要想克服本领恐慌，防止无知而盲、少知而迷，需尽可能将主流社会的最新智力成果内化于心、外化于行，如此才能更好地顺应时代，提高成功概率。为使读者精准快速地把握分散在万千书卷中的新理念、新策略、新创意、新方法，我们组织编写了这套《好书精读丛书》。

这套书旨在帮助读者提高阅读质量和效率。我们依托海内外相关知识服务机构十多年的持续积累，博观约取，从经济管理、创业创新、投资理财、营销创意、人际沟通、名企分析等方面选取数百种与时俱进又经世致用的好书分类整合，凝练出版。它们或传播现代经管新知，或讲授实用营销技巧，或聚焦创新创业，或分析成功者要素组合，真知云集，灼见荟萃。期待这些凝聚着当代经济社会管理创新创意亮点的好书，能为提升您的学识见解和能力建设提供优质有效便捷的阅读资源。

聚焦对最新知识的深度加工和闪光点提炼是这套书的突出特点。每本书集中解读4种主题相关的代表性好书，以“要点整理”“5分钟摘要”“主题看板”“关键词解读”“轻松读大师”等栏目精炼呈现各书核心观点，崇真尚实，化繁为简，您可利用各种碎片化时间在赏心悦目中取其精髓。常读常新，明辨笃行，您一定会悟得更深更透，做得更好更快。

好书不厌百回读，熟读深思子自知。作为精准知识服务的一次尝试，我们期待能帮您开启高效率的阅读。让我们一起成长和超越！

目 录

提升企业卓越表现就像一场长跑——你不知道正确的道路是什么，也不知道这场赛跑将持续多久。经过7年的研究，斯坦福大学的两位教授终于发现，有7项法则可以帮助提升企业的整体表现。他们对脸书、谷歌、捷蓝航空等企业进行研究，从第一线取得灵感，最后归纳出行之有效的管理箴言，帮助领导者保持头脑清醒，也帮助企业取得更大的成绩。

光靠说理或罗列重点就可以吸引听众的年代已经过去了。无论是想要沟通愿景、兜售想法还是鼓励承诺，故事都是最有威力的商务工具。它没什么准入门槛，也永不过时，更能感染听众，让他们永生难忘。故事好处多多，却一直为人们所忽视。所以是时候了，当你下次必须阐明某个观点时，记得试试采用故事领导的方式，让故事领着你走入听众的内心。

社会太过喧嚣，每个人都在说个不停，但却没有谁懂得如何与人建立情感上的联系。“信任别人，他们就会真诚待你；尊重别人，他们就会展现自己最好的一面。”领导其实就是在处理人际关系。形式上它是个单向权力关系，但实质上是相互影响的双向沟通过程。交心的领导能够让团队更为和谐稳固，也会让每个人都具有超越期待的表现。

明智判断是卓越领导的关键。在面对模棱两可、不确定和冲突的需求时，领导者判断的品质会影响整个组织乃至国家的命运。诺埃尔·蒂奇和沃伦·本尼斯都是领导学方面的专家，他们认为判断并不是单一孤立的事件，而是对相关事件综合处理的流程。最重要的是，他们剖析了判断的形成过程，让人们可以通过学习，培养出英明果断的判断力。

升级优秀

斯坦福教授写给领导者的七句话

Scaling Up Excellence

Getting to More Without Settling For Less

原著作者简介

罗伯特·萨顿（Robert Sutton），美国斯坦福大学管理科学与工程系教授，讲授高层管理研讨和管理教育课程。他以敢于“打破常规”闻名，曾被《商业2.0》杂志评选为“当代顶尖商业大师”，著有《知行之间》、《好老板，坏老板》等作品。毕业于美国密西根大学与加州大学伯克利分校。

哈吉·拉奥（Huggy Rao），美国斯坦福大学商学院组织行为学教授，研究组织变迁的社会与文化因素，著有《市场叛逆》一书。毕业于美国凯斯西储大学与印度安得拉大学。

本文编译：许恬宁

主要内容

主题看板

没有终点线的长跑

变大不代表就会变好。当事业变大、员工增多时，许多成功的企业仍会为“该如何提升企业表现”而烦恼。经过 7 年的研究，斯坦福大学的两位教授终于发现，解决这个问题的方法虽然可能因公司情况不同而有所差异，但是有 7 项根本原则是互通的。

提升企业表现就像一场长跑——你不知道正确的道路是什么，也不知道这次长跑将持续多久。你既不知道它会如何结束，也不知道终点线在哪里。

斯坦福大学的罗伯特·萨顿教授和他的同事哈吉·拉奥教授在 2006 年共同开设了一门课程，名为“以顾客为尊的创新”。他们发现课上总有企业经理人用各种方式在问同一个问题：公司有一两个部门表现得不错，但问题是仅仅这样还不够。他们希望全公司都能达成类似的卓越表现，并且愈快愈好。

萨顿和拉奥发现很多书都在谈领导和创新，但却没有一本书专门探讨如何“提升企业表现”，或者称为“好要更好，多还要更多”。为了能够更好地解答这个问题，他们花了 7 年时间进行了许多访谈和个案研究，例如对脸书、谷歌、捷蓝航空等企业的主管进行采访，然后写出相应的研究报告。

他们调查后发现，解决问题不存在什么一用即灵的特效药，但各个案例也表现出一些共同点，比如成功提升企业表现还要通过一种共同的心态来引导人们的想法和行为。特别是在快速有效提升企业卓越表现的案例中，那些团队在关键点前都会放慢节奏，思考并规划将来的道路，以便之后能快速推进。

从 2 个员工到 20 个员工，可能只是办公室要变大一点。但是当有了150或200个员工时，你就很难记清所有员工的名字和面孔。如果人们只需用同样的心态说同样的话，官僚文化就会少一些，管理上的锱铢必较也会少一点。

此外，当组织变大时，组织内部“无法说出口的话”也会增加。人们都清楚知道这一点。他们会变得沉默，这样一来，“聪明的人在大组织里就会变笨”。因此大公司真正的问题是如何找出那些潜在的问题。如果只依据台面上听到的话来做决策，你很可能就会出错。

每个组织和计划在扩大时都会变得更复杂，因为会涉及更多的程序、层级、地点和人员。如果没有处理好，员工就可能承受不了，连原本简单的事都做不好。用推特某部门主管的话来说：“领导者要靠层层负责制来破除不好的官僚制度，要让员工处理事情变得更容易而不是更困难。”

萨顿和拉奥在书中归纳出7句管理箴言。它们虽然不是特效药，却可以帮助领导者保持头脑清醒。这些箴言会像“顾客是上帝”这句话一般左右一大堆决策。它们会让大家产生共识，知道自己要往哪里去。

一　散布心态

提升企业表现并不只是尽可能地散布你的标识。要提升表现，你必须改变人们思考、感觉与行动的方式。其中首要的就是散布正确的心态。

在军事上，军事家与指挥官会以“空战”或“地面战”的心态来思考或发言。飞机投弹或空袭行动有助于战事，然而真要获取胜利，还得靠地面部队夺下领土与财产并保住它们，而这是地面战的工作。

提升企业表现其实更像地面战而不像空战。要成功，你就不能只派主管冲进去，用软件工具做些简报，训练个几天，发表几次激励讲话然后走人。那等同企业的空战，不会带来持久的改变。

你永远得咬紧牙关、不屈不挠，才有可能提升企业表现。你无法靠下命令来完成这件事，只能靠大家愈挫愈勇地执行命令来达成目标。你必须先让大家产生一种想要改变的欲望，接着事情才可能真地发生转变。想要切实提升企业表现，你就必须让每个人都认同并切实持那个新的心态工作。

脸书是一个好例子。要得到脸书的工作，工程师必须经历好几次令人精疲力竭的面试。一旦通过考察，获得聘书，还得参加为期 6 个星期的集训，替十几个不同部门处理杂务。此外还会有一位资深工程师成为他的导师，并和他组成团队。脸书通常会有七八十位资深工程师能够暂时放下手头工作，在集训中担任导师。这样做虽然有时会拖慢关键计划的进度，但脸书能够不断成功，靠的正是让公司里都是依据正确信念学习与工作的人。集训是让新进员工能够直接体验脸书文化的地方。

一般来说，有两种方式可以散布心态：

◎复制。通过标准化制度来让每个人齐步向前，用同样的方式做同样的事。最终的目标是达成无法以其他方式来达成的规模经济。

◎量身打造。让每个单位选择自己的做法，用自己的方式做事。操作程序具有更多弹性，允许因地制宜、实验与量身打造。

幸运的是，提升企业表现并不会真要求你只能二选一。你可以让某个单位采用一种方法，而让另一个单位采用另一种方法。通过人尽其才，你可以在复制与量身打造之间取得良好的平衡，同时享受两种方式的最大好处。

要了解提升企业表现的实际运用状况，我们可以比较家得宝与百胜为了进入中国市场所做的努力：

◎2006 年，家得宝在中国开了 12 家商店，完全复制已经在美国取得成功的超级商店概念。而6年后，所有分店却都关门大吉。为什么？因为中国消费者并没有自己动手的习惯。如果他们有钱在家得宝消费，那么他们也就可以付钱请人做事。家得宝的复制效果不太理想。

◎百胜目前在中国拥有超过4000家肯德基与必胜客门店。之所以能欣欣向荣，是因为公司让每家店都增加符合地方口味的商品——在中国，肯德基卖蛋塔、豆浆以及许多外国市场没有的东西。这种量身打造的做法放在百胜身上很有效！

关键思维

提升企业卓越表现需要咬紧牙关，推动每一个人、每一个团队、每一个小组、每一个部门和每一个组织，依据他们的信念、他们的感受、他们的职责所在，做出一个又一个的小改变。大型组织顺利提升表现时，是专注于一次让1000个人往前踏一步，而不是让一个人往前跑 1000 步。

——罗伯特·萨顿　哈吉·拉奥

挑战不在于是决定采用复制方式还是量身打造方式，而在于决定什么时候调整组织和人员及采用的做法。没有可以让恼人的紧张形势和相互妥协消失的神奇公式或特效药。最优秀的领导者与团队会站上瞭望台，寻找做得太过火的地方。他们会寻找过度“本地化”或“标准化”的征兆——该往另一端稍微或大幅挪动的时机。

——罗伯特·萨顿　哈吉·拉奥

二　用所有感官来提升表现

在提升企业表现时，要用上视觉、听觉和味觉，同时启动多重感官，强化正确的心态，这样人们才能够亲身感受与体验做出正确行为后所得到的成果。

心态总会经由所有感官散布并且维持下去。借助味道、声音与颜色，能让人们对你企业的印象更为深刻。

举一个简单的例子：研究人员发现，在超市里播放法国的手风琴音乐时，顾客买法国酒的数量是德国酒的 5 倍。同样，播放德国铜管音乐时，顾客购买德国酒的数量也会翻倍。

要强化你试图复制的心态，就要把能引发多种感觉的细微提示编织在一起。迪士尼是这方面的大师。造访迪士尼主题乐园时，你会发现里头的气味、颜色，员工的着装、用语和行为等，与整体的欢乐主题丝丝入扣，这正是迪士尼的拿手好戏。

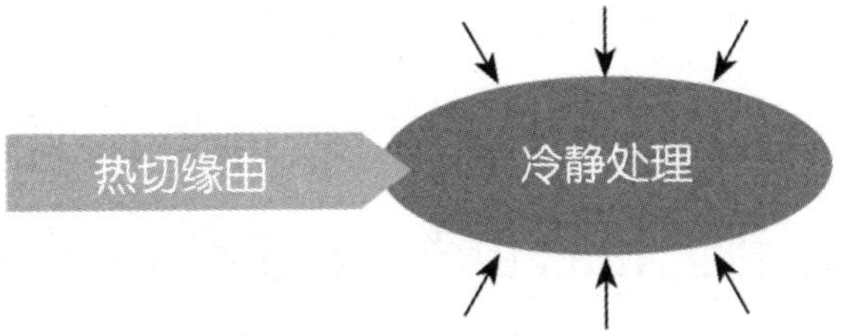

要触动感官，进一步提升企业表现，一个最好的方法就是在热切缘由和冷静处理之间建立更强的联系。冷静的处理方式会吸引你的员工，让他们更有成效地工作。

以下是几种可以触动感官的有用策略：

（1）挑明问题——想出一个令人朗朗上口的标语并把它当成加油口号。举例来说，一家非营利组织发起一项为期 18 个月的活动，目标是减少美国医院里那些本可以避免的死亡人数。这个活动被命名为“10 万条生命运动”，3200 多家医院加入了这个行动。通过采取更好的防范措施，医院最终挽救了 12.2 万条性命。好听又好记的口号是凝聚人心的绝佳利器。

（2）指明敌人——乔布斯深谙此道。在苹果的早期岁月，IBM 是“决意掌控世界的邪恶独裁者”，后来苹果则又被“没有品味”的微软模仿。戴尔、谷歌与迪士尼也都有过类似的经历。指明敌人时，你将会挑起人们的情绪，让大家疯狂投入工作并拿出看家本领。

（3）在每一个人都看得到的地方，公开一切行为——表明你的立场，强调你发誓完成的事。公开的承诺会增强组织中每个人的责任感和参与感。他们将尽全力帮你，不让你出糗。公开表明你的意图也将使你无处可躲。

（4）破除并且压缩基本假设——这样可以引发人们思考。IDEO 的 CEO 提姆・布朗是一个好例子。他在 IDEO 的帕罗奥图总部里有办公室，但并不是豪华的私人办公室，也没有秘书专门负责接待，谁想见他都可以。他用自己的这一行为发出清楚的信号：实务知识比精通理论更重要。当布朗要求 IDEO 的员工对公司提出批评、建议时，最好的点子就会出现，因为人们知道布朗言行一致。

（5）提供让人们可以参与的入门体验——让每个人都能转换到新行为与新信念。曾是菲亚特 CEO 的塞尔吉奥·马尔奇奥尼于 2009 年接掌克莱斯勒，当时每个人都以为他是来结束公司并分拆出售的。马尔奇奥尼来到底特律破败的汽车装配厂，但没有关闭厂房，而是付钱请人清理与整修。他替那些相信克莱斯勒能有闪亮未来的人创造出不同的入口体验，让员工对自己正在做的事感到更加自豪，这让克莱斯勒起死回生。

（6）建立更新、更好的仪式——仪式是建立新心态的良好入口。奥施公司是一家提供健康看护内部系统的厂商，其 CEO 建立了一种仪式：经理们每天早上都会把自己的外套挂在大衣挂钩上，象征他们把自尊留在门口。每次他们看见衣帽架时就会意识到应该用合作的方式来工作，一同实现公司目标。这样一个简单的小仪式，就让人们拥有更好的心态与思考方式。

（7）仰仗不满现状的人士——夏洛特·比尔斯在20世纪90年代初成为奥美公司的CEO时，就是这么做的。当时的奥美摇摇欲坠，失去了美国运通等大客户，被形容为“坐困愁城”。她亲自挑选了9名主管，成立了非正式的“渴望改变”小组，重新打造这家广告公司。她选择的是那些不满现状又肯说实话的人。这个小组循循善诱，最终说服奥美全世界272间办公室的员工，让他们相信自己可以拥抱更为宽广的新心态。几年后，奥美赢回美国运通以及其他许许多多老客户，成为广告业龙头。

老练的经理人与企业主管一半是水管工，一半是诗人。他们谈论热切的议题时就像是诗人，提出冷静的解决办法时则像是水管工。提升企业表现的艺术，就在于了解如何在诗意与水管工作之间建立紧密的联系，以及何时该延伸或放弃该组织最宝贵的价值观。

三　将现实与长期梦想联系起来

很少有经理人既能完美达成短期目标又能记住大方向。要提升企业卓越表现，你必须找出办法将眼下的现实与你希望能达成的长期梦想相联系。

要提升企业表现，你必须制订新的规矩、流程。你还必须让你的人习惯新角色。一开始他们会感到别扭从而导致“认知超载”——感到不堪重负，弄不清楚状况。常见的症状是你指派的任务愈多，他们的表现就愈差。

公司在执行卓越计划时，会自然出现更多层级。这是好事，因为层级的存在提供了决策架构。缺点是层级会使创新速度变慢，增加新的成本，把事情变复杂，同时摩擦也会增多。

以下几点可以帮助你在打造更好的组织运作

体系时，不会陷入层级问题之中：

（1）在标准思考方式之中整合进减法——不断寻找以少做多的方法。2012 年，奥多比公司废除了年度绩效考核，因为这样的考核鼓励的是短期思考。取而代之的是经理人会经常“考核”员工，并在考核时搜集反馈意见，协助员工制订个人成长与发展计划。员工可以在需要的时候得到最新信息，而不是空等好几个月，错过学习的时机。

（2）做些让人们坐立不安的事——这预示你朝着正确方向前进。不要让大家只因为“我们一向都是这么做”而持续做同样的事。尝试新做法，看看成效如何，并准备在新做法太贵、太耗时或只是单纯行不通时，放弃这个方法。

（3）加进一些负载克星——这听起来有点不合情理，但的确有用。举例来说，某家银行在柜员屏幕上增设了红绿灯系统。排队的人不多时会亮绿灯，此时银行职员可以详细解说或销售其他产品。队伍变长时亮黄灯，银行职员得加速以让下一位客户更快得到服务。红灯则代表队伍长得不得了，银行职员要专心应对每位客户的需求，不要销售其他产品。意见调查显示，依据信号灯改变服务方式的手法得到了客户的正面评价。

（4）分而治之——分成小组，让每个人更专注。许多医院把急诊部门分成小的“群组”，让护士、医师、主治医生一起合作，从而提供一流的健康护理服务。每一位待在急诊部门的病人都会由某一组人负责。这种分组制度让医生、护士和病人之间有了更好的沟通。各负其责的方式让效率大增，病人也得到了更好的医疗服务。

（5）提升集体的脑力——加入更多有才干的人手。大公司会定期从外部引进 CEO。这是一件很好的事，因为引进新的思维方式可以迫使组织放弃过时的计划，丰富大家的想法。

提升企业表现向来是一种求取平衡的作为。你永远在试着抓住“太复杂”与“不够复杂”之间的平衡点。你希望你的员工做更多的工作，但与此同时，你又不希望用太多细节来让他们陷入困境。

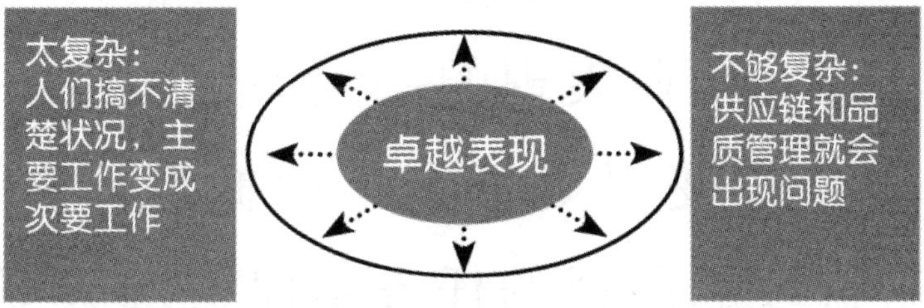

达到平衡很不容易，这主要取决于公司处于哪一个发展阶段。举例来说：

◎在事业创立初期，每一个人通常都是通才。这是最不需要沟通的时候——不会有沟通失误的问题，因为没有人会把任务交给别人。

◎企业拥有三四十人时，人们开始变成专才。那是好事，因为每个人对自己的工作都更熟悉；但也是坏事，因为人们得开始把更多任务交付出去，潜在的沟通不良会愈变愈多。资深经理人开始与顾客以及公司其他人员失去接触，冲突可能因此而产生。

◎企业继续成长时，你必须确保公司不会染上“笨蛋大公司”病——官僚制度会因为流程过多而拖慢每一件事。有时人们会穷于应付流程与组织架构，使得原本的主要工作变成次要工作。

成功提升企业表现的一大关键挑战在于判断何时该使企业变得更复杂。用橄榄球的术语来说，负责进攻的前锋的任务是保护四分卫。如果前锋试图守住阵地，对方的防守前锋就会绕过他攻击四分卫。成功的前锋会审时度势撤退，保护四分卫。想要提升企业卓越表现，你也应该勉强让步，以求达到更复杂的程度。

四　强化个人责任感

唯有在员工产生“我拥有这个地方，这个地方也拥有我”的感觉后，你才有办法提升企业表现。人们愈有责任感，你的卓越计划就愈能快速向前推进。

要有效提升任何事，一般来说必须创造两种环境：

◎让更多有“适当本事”的人加入——要有正确的训练与技能。

◎让你的员工觉得责任在己——他们不得不做那些能为组织带来最大利益的事。

光有人才或责任感是不够的，你需要两者兼

具，否则卓越表现无法持久。许多企业大师都说，如果能雇用最有能力和动力的员工，你就一定会有卓越表现。那不是真的。你必须找出方法来让你的超级明星和其他人一起合作。在真实世界中，理想状态可能相当难以达成。

（1）杜绝“捡便宜”的事发生——某些人的付出远低于他们的能力，却可以享受别人努力的成果。你必须清楚表明，帮助他人变得更好是公司文化的根本。你也必须让大家知道，每个人的评价都是依据其个人表现做出的。而你已经做好准备开除任何不适任的员工。

（2）加进一些集体的荣誉感以及正义的怒火——利用那些情绪，让大家团结在一起，对抗共同的敌人。英国石油的资深经理注意到公司内部各部门彼此对立时，他们提出新的口号：“粉碎蚌壳”（指的是英国石油试图击败壳牌石油，而壳牌石油最著名的商标就是蚌壳）。英国石油让每个人都专注于打败壳牌，公司内部的斗争也就因此变得无足轻重。

（3）选用容易内疚的领导者——会把众人的利益放在自己的个人目标与荣耀之上的人。你要的领导者会注意到过去的错误并因此感到不安，他会采取行动弥补错误，执行预防措施。在皮克斯公司的早期岁月，其共同创始人艾德文·卡特姆与匠白光被卢卡斯影业的新总裁唐·诺比告知，公司必须进行裁员以缩减开支。卡特姆与匠白光不同意，但诺比不为所动并下了最后通牒，要他们在 24 小时内列出名单。第二天俩人交出的名单上只有两个名字：艾德文·卡特姆与匠白光。诺比因此而让步，最终当皮克斯被卖给乔布斯时，员工一个也没有被裁。皮克斯员工的责任感和主人翁意识因此成为传奇。

（4）送出一些巧妙的信号，让人们知道有人在看着自己——每个人最好做正确的事。在某些社会科学实验中，仅仅只是在自助餐厅里放上一张眼睛盯着人看的海报，就能让用餐后不清理盘子和桌上垃圾就溜走的人减少约50%。当觉得别人在看着自己的时候，人们会感受到某种压力。

（5）打造正确“基因库”——主动让你的组织里充满天赋过人的员工。聪明的组织会雇用正确的人，也会不断提供提升技能的培训与正规课程。那样的培训可以培养正确的信念、行为与技能。印度软件公司“塔塔顾问”的CEO纳塔拉扬·詹德勒瑟卡朗，把公司划分为60个部门，每个部门都有一名总裁与财务总监，结果公司的年营收增长至116亿美元，员工数达到28万。他让更多员工有了执行经历，而且在事实上打造了一条未来CEO的生产线。

（6）让其他组织充当你的人力资源部门——如同民航公司会聘请接受过军事训练的机长一样。在硅谷，许多高科技公司把斯坦福大学当成自己的人资部门，特别是其工程学院与电脑科学系。如果你发现某些替别人工作过的员工在你这儿表现得特别好，你也可以把那个组织当成你实质上的人资部门。

（7）雇用原本就和你的心态相符的人——个性、技术和价值观能与你配套的人。如果你能挑选明显热衷于完成你必须完成的事情的人，你的公司文化就会得到强化。

关键思维

光有人才或责任感还不够：两者若没有适当的配合，局部的优秀表现就无法持久。争辩哪个比较重要——是拥有适当技能与经验的员工，还是对同事和组织负责任的员工，是没有意义的。这就像在问：要想活命的话，是心脏重要还是大脑重要。如果你要过健康的生活，两者都得好好运转才行。

人才×当责＝能力提升

有效提升能力要靠适当的人才（有适当训练与技能的人），同时也要让人们感到自己不得不依据组织的最佳利益行事，同时要求别人也要像自己一样做。每一家公司、非营利组织、政府组织或是基金会，不管是希望推广更佳实务做法还是开新分店，都需要营造这两种条件。

——罗伯特·萨顿　哈吉·拉奥

五　避免纸上谈兵

纸上谈兵是指领导者或决策者因为缺乏耐心、能力或是自我感觉良好，而做出糟糕的决定。要使企业有卓越表现，你就得把总部发出的命令换成一线的专门知识。

纸上谈兵的状况往往是因为一个计划里虽然人员众多，训练有素的人员却并不够。当难以提升企业表现时，一般会出现 3 种现象：

◎错觉——决策者忽略事实。

◎性急——急着推出每一件事。

◎无能——缺乏技能。

要成功提升企业表现，你必须发现或创造一系列卓越的范例，并打造“骨牌链”。一张骨牌倒下时的动能可以触发另一张骨牌，然后再触发第三张骨牌，挨个传递下去，直到每个人都能感受到这个效应为止。

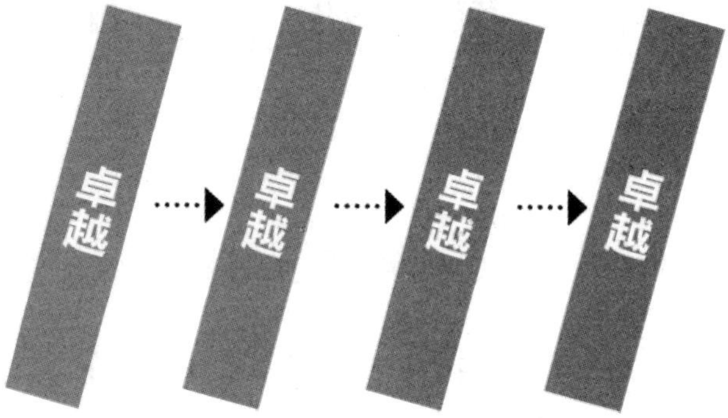

要出现骨牌链，你必须让每个人都采取有建设性的、能增强你想要效果的行动。你必须让每个人都支持这样的努力——只靠一个人带动计划是远远不够的，而且这也不是做一次就好了的事。要想让骨牌一路倒下去，需要大家一起持续努力。

立好骨牌、让骨牌不断倒下的 7 种工具包括：

（1）采取由上而下的方式——让处于上位的人支持你。一定要让领导者以身作则，树立良好的榜样。

（2）利用每一个机会宣传你的信息——所有的网络研讨会、小册子、广告邮件与聚会都要传递同样的信息。要善用每一个你能利用的沟通资源。

（3）一对一教学——让实践你心态的教练驻扎在团队和部门内。让他们做示范，教导与其一同工作的人，为他们提供不间断的鼓励与指导。

（4）人们一旦改变心态后，就让他们找人配对——让你的员工从学生变成老师，并让这个过程持续下去。让你的员工说服其他人用那样的方式思考，理清可能出现的所有挑战。如果你能启用那些在组织内部已经获得信任和崇敬的人，找人配对的效果就会更好，就像病毒传播一般。

（5）集合一群意志坚定的人，成立指导委员会——利用他们来联系与传导。如果指导委员会已经具有能运用的良好人脉，那么效果会特别好。他们在帮助同事做该做的事的同时，也可以灌输新的心态。那种类似于特洛伊木马式的间接的方式，有时会有非常好的效果。

（6）引进一些“外界知识中介”——让他们传递知识，提供训练以及推广符合你新心态的专业技能与点子。当中介被视为公正的一方并且计划一完成就会离开时，效果最好。外部人士有一种神秘感，这在你试图传导卓越时会相当有帮助。

（7）给你的人提供与外界发生联系的交叉路口——在买卖双方聚在一起做生意的传统市场旁。这些交叉路口可以采取各种各样、大小不一的形式，包括示范日、贸易展、每日或每周简报、工作博览会、员工大会等等。记得提供一些能让人们聊天并且建立新关系的非正式场合。

在实际操作中，要让骨牌倒下（而且是接连倒下去）的唯一办法，就是保证领导者是个好的“联结者”。要提升企业表现，领导者就要探测并发掘卓越。而要当好“联结者”，领导者必须做好 3 件关键的事：

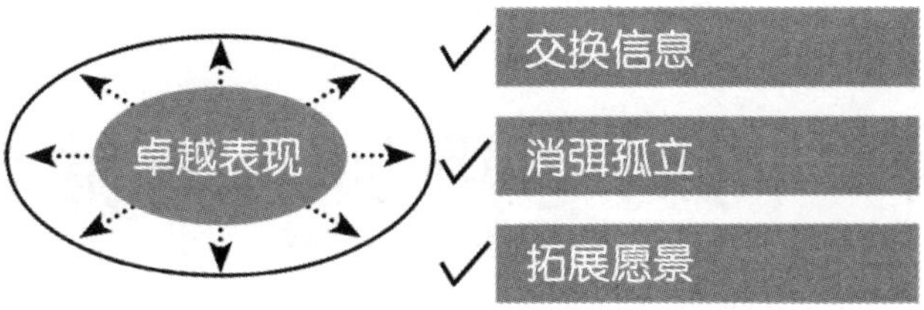

◎确保每个人的发言和交换的情报都能提供有用的细节，而不是敷衍了事。

◎确保员工行为推动的是组织的整体目标，而不是个人的狭隘目的。

◎确保每个人都脚踏实地，愿意接受不同的看法与冲突的信息。

当错觉、性急与无能撞在一起时，你会得到典型的纸上谈兵。这3种现象会让提升企业表现的努力惨败。

关键思维

当组织无法在适当的时间将适当的人与适当的信息联系在一起时，无知、平庸与错误就将泛滥成灾。

——罗伯特·萨顿　哈吉·拉奥

六　同时运用加法与减法

要成功提升企业表现，需要的不只是开始做更好的事，你还得停止做没意义的事。你必须不断提醒自己，“让我们来到这里的（方法），不一定能让我们前往未来想要去的地方。”

提升企业表现的一个现实是，破坏性行为往往比建设性行为更具冲击力。换句话说，你可以确定“坏比好强大”。在通往卓越表现的路途中，有时你得从移除坏东西开始，同时还要防止它卷土重来。

坏行为通常来自两个主要原因：

1. 这不是我的问题——有人专门负责处理这种事，我可以把这件事交给他们
2. 我被激励着去做别的事——我会继续那样做

领导者可以用8种方式来防范甚至完全消除那些破坏性的看法与行为：

（1）防微杜渐——如同纽约市交警发起的“逃票零容忍”计划。他们现在会逮捕那些坐车不付钱的人，让民众知道有人在负责这件事。他们靠着及早阻止小型犯罪，降低了较严重犯罪的发生率。同样，好的老板会防患于未然，同时又尊重个人。

（2）扔掉明显坏掉的苹果——开除懒惰、跋扈、不愿意帮助他人、明显无能或负面的人。这样做可以让那些心态较为温和且更具生产效率的人出头。如果你做不到，那至少也要把所有的坏苹果放进同一个团队，让他们不会污染其他人。

（3）让每个人专心做好日常事务——再让他们试着处理更进一步的挑战。如果你的员工已经陷入泥沼，那鼓励他们翱翔则一点意义也没有。先帮助他们走出泥沼，再让他们往前迈进。

（4）做最显而易见的事——好的领导者会在

试图提升好行为之前，排除坏行为。只有先符合预期，才能超越预期。一定要先达成“平凡简单的承诺”，然后再开始锦上添花。

（5）招募能带动别人的人——利用他们找出并消灭坏行为。树立好的模范，让他们为你企图提升的行为做示范。重用组织中最受崇敬、最有人缘的人，能够在组织内做示范，也能为将来提供正向的推动力。

（6）减少坏行为带来的快感——让人们觉得做有益和有建设性的事才叫酷。有一个锯木场曾碰上设备丢失的问题，调查发现员工非常享受偷窃公司财产又没被抓到的快感。为了处理这个问题，公司建立了出借系统，让任何人都可以在任何时间因为私人用途而借用设备。结果盗窃率立刻降至近乎零，偷设备再也没什么值得夸耀的了。要提升企业表现，就要先消除反其道而行之所带来的快感。

（7）让人们从生产效率的角度来思考未

来——专注于他们会变成什么样的人而不是他们现在是谁。替未来的成功描绘出生动、诱人的景象，挑战你的员工并让事情成真。这种“消灭负面、强调正面”的方法，在其他许多领域也能奏效。用现在时说出你的愿景，而不是未来时。

（8）专心替每个人创造更好的体验——并动手让美梦成真。捷蓝航空通过调查发现旅客讨厌等待行李。于是捷蓝增设了行李输送带团队，在领行李的地方引导并回答人们的问题。要让积极效果得到有效提升，你也必须找出更多的方法。

整体来说，提升卓越表现需要时时保持戒备。潜伏的坏行为有 5 个早期预警信号是你应该留意的：

◎人们拒绝承担责任——觉得不说话、维持现状比较安全。

◎大家都担心被排斥——社交压力让人们不敢说出反对意见。

◎匿名性——觉得没人在旁边紧盯着，所以

做什么都没关系。

◎不公平的感觉——既然雇主对我不好，少做一点也是应该的。

◎无助感——觉得无力阻止不好的事情发生。

如果看到早期预警信号，你就要火速处理信号背后的根本原因。要不然，提升企业的努力就不太可能有结果。

关键思维

成功提升企业表现的标志是：领导者会保持警惕，留心“让我们来到这里的（方法），不一定能让我们前往未来想要去的地方”——也就是曾经一度促成卓越但现在却会损及卓越的信念、行为与仪式。策略性减法会为人们开道，让人们专注于做正确的事。

——罗伯特·萨顿　哈吉·拉奥

七　放慢脚步

到了某一阶段，你必须从自然而然地做事，变成有意识地去做不一样且更好的事。偶尔你还得提醒大家，不要只依赖直觉，要展开不一样的行动。

促进提升最好、最有效的办法，就是“事前验尸”。方法如下：

◎想象你已经展开卓越方案一年了。

◎招募你的团队，把他们分成两组。

◎让其中一组想象卓越方案取得了很大的成功，要求他们想出一个故事来说明事情何以成功。

◎让另一组假装卓越方案彻底失败，要求他们想出一个故事来检视事情为什么会失败。

◎把两组人员集合起来，分别说出他们的

故事。

◎一起想出卓越计划，取长补短，把潜在风险降到最低。

这样的方法可以促成“可能的后见之明”。这听起来可能有点自相矛盾，但却可以带来很大的好处。你可以回头看两种可能的未来，拟定计划，以最好的方式向前迈进。

理想的“事前验尸”将会：

◎提醒你计划中的潜在盲点。

◎使过度乐观的情绪平静下来。

◎帮助你量化需要的工作量。

◎打破“大家都爱这个决定”的幻觉。

◎允许人们表达他们真正的恐惧。

◎找出障碍。

提升企业表现，你应该谨记在心的 7 个要点是：

（1）永远从目前所在位置出发，而不是事情一切顺利时你可能会在的地方——你要专注于目前可以做什么，然后从那里往前迈进并打造未来。

（2）了解提升企业表现和集结一大群人的差异——永远不要忘了，提升企业表现是要花时间的地面战。把一群人集结起来然后提出大计划确实很有趣，然而提升企业表现却是件折磨人的苦差事。你要确保身边都是有毅力、会坚持到底的人。

（3）把心态当成向导，而不是每个可能出现问题的答案——到了某一个时间点，你可能还要转变心态，帮助你的卓越计划成功。必要时你甚至要主动那么做。此外，出现更好的工具时，也要随时放下旧工具。

（4）用束缚来引导你的聪明才智，而不是脱轨行为——当人处于某种严格束缚之下时，提升企业表现可以发展得最顺畅。不论你做什么，最好有某种限制。你要有意愿、有能力将它转换为助力。

（5）建立能减少摩擦的层级架构，而不是制造与散布更多摩擦——用你的卓越计划来打造更好的组织运作体系，消灭而不是增加背后的摩擦。许多领导者会把正在成长的团队拆成小团队，从而让人们沟通顺畅，信任增强，更有责任感。这种方法值得考虑。

（6）和你尊敬但还不是朋友的人合作，你应该接触不同背景的人——愈多和你合作的人明显拥有不同技能或观点，事情就会愈好。不要雇用对你唯唯诺诺的人，去找你尊敬、但想法不同的人。多元是好事。

（7）推崇负责任的态度，就不会碰到捡便宜或其他不良的行为——如果人们觉得公司是大家的，就没有人会犹豫该不该去做对的事，更不会说诸如“因为那不是我的工作”这类的话。人们不会担心“如果做那些正确的事，我自己就会发生不好的事”。负责任就像提升企业表现时需要的氧气。

关键思维

提升企业表现就像一场长跑，你不知道正确的道路是什么，看似正确的道路结果可能是错的。而且你不知道这场赛跑将持续多久，也不知道终点线在哪里，会如何结束。每个组织都会面对这样的基本挑战，不论是大是小、是新是旧。好消息是很多人与很多团队都找到了战胜混乱的方法，每天都有令自己满意的成就。这些人和团队自豪地推广着具有建设性的信念与行动，将它们散布到各方。那些成功人士的思考与行为方式，就像在打地面战而不只是空战。这种“地面战心态”在每一个卓越计划中都深具影响力。

——罗伯特·萨顿　哈吉·拉奥

故事领导

打动人心的商业故事制作秘笈

Lead with a Story

A Guide to Crafting Business Narratives That Captivate, Convince, and Inspire

原著作者简介

保罗·史密斯（Paul Smith），专题演说家及企业训练师。曾任宝洁公司消费者通信研究中心主管及安德森顾问公司经营顾问，也曾在市值数十亿美元的企业、制造工厂和销售团队中担任领导职务，并曾与全球性的零售商如沃尔玛超市、山姆俱乐部及好事多进行合作。毕业于美国宾夕法尼亚大学沃顿商学院。

本文编译：黄玩

主要内容

5分钟摘要

为什么要说故事

如今，许多成就卓越的企业把说故事当成领导工具。原因很简单：说理或罗列重点完全没办法像说故事那么吸引听众。无论你是想宣传愿景、兜售想法还是鼓励承诺，说故事都是威力十足的商务工具，与其他方法的效果天差地别。

在商界，说故事的艺术已经太久没有被充分利用了。商场上的故事极具说服力，因为：

◎纯粹只靠嘴巴——任何人都能做得到。

◎说故事永不过时——领导人可以阐明重点，而且永远有效。

◎大家都爱听故事——不分年龄、种族、性别或是各种人口统计意义上的区别。

◎故事具有感染性——好故事会以星火燎原之势传遍整个组织。

◎故事比事实或数据更令人难忘——难忘的故事会回荡许久，被人一再传诵。

◎故事带来的感动及鼓舞效果，永远都比简报更具威力。

◎对于动作型、视觉型或听觉型学习者，故事一样具有好效果。

◎在非正式的学习场合中，故事的效果特别优异——也正是大多数职场学习的场景。

◎故事会让人们自然进入学习模式——人们会忘却事实，深受故事感动。

◎故事展现出你对听众的尊重——你可以用谦和的态度传达信息。

下次当你必须阐明某个重点时，试着采用故事领导的方式，用一个故事描述及概括你想说的事。听众会很喜欢你这么做。

轻松读大师

一　打造令人难忘的商业故事

动听的商业故事和好莱坞电影不一样，它的架构很简单，由事由、行动和结局 3 个元素组成。要学习及记忆其关键要素。

架构

精彩的商业故事一定包含 3 层架构：

（1）事由——为了引导出正确的结论，你必须告诉听众故事发生的场景以及他们必须知道的所有背景资料。事件的由来必须抓住听众的注意力，告

诉他们这个故事与他们有关，让他们有兴趣听完整个故事。有4个问题是每个人都想知道的：

◎这个故事发生的地点和时间。你要在一开始就指明这个故事是真实事件（比如“我进入西点军校时……”）还是虚构的故事（比如“很久很久以前，在某个非常非常遥远的星系……”）。

◎主角是谁？你要介绍的英雄或主角最好是能让听众产生联想的角色。有时他们会希望：“嘿，这好像是在说我。”有时他们则会庆幸故事叙述的是其他人。

◎你的英雄想做什么？你要说明你的英雄热衷或追寻的目标。他们是想拯救世界，还是想取得宝物呢？

◎有哪些阻碍？为了增加精彩度，你要说明他们将遇到什么样的阻碍。描述眼前面对的挑战至关重要。少了敌人或是即将到来的灾难，你的故事将毫无意义。

（2）行动——接下来你要叙述主要角色发生

了什么事。这里通常有一些难题或冲突，但是主角会坚持到底直至赢得胜利，这里要详细说明主角是如何坚持战斗的。这样的波折会为你的故事注入刺激性和戏剧效果。

（3）结局——商业故事的结尾通常是叙述结果，说明从中学习到的主要教训，然后回头解释你讲述这个故事的本意。你必须详细描述主要角色的命运和这个故事的寓意，还可以适当加上你希望听众在听完故事之后采取的行动。

那么，实际中应如何操作呢？请看案例“泰特利斯的 NXT 高尔夫球”：

事由：在 20 世纪 90 年代末期，全美职业高尔夫球手中有 75％的人使用泰特利斯高尔夫球。可问题是，这些职业球手只占整个市场人数的 5％。在另外 95％的市场当中，泰特利斯只有 20％的市场占有率。绝大多数业余球手都选用其他品牌的价值 3 美元的高尔夫球，而不是受职业球手青睐的 5 美元的泰特利斯高尔夫球。泰特利斯陷入思考，不知是否应该推出低价但品质较差的高尔夫球，也不知这样做是否会打击到既有销售。

行动：为了避免因开发低端市场而冲击到自己的高端产品，泰特利斯有了一个有趣的构想。它生产出一种比较便宜的 NXT 高尔夫球。这种球旋转力度较小，手感较柔软，发球轨迹比较稳定。虽然 NXT 高尔夫球的飞行距离比不上泰特利斯的旗舰高尔夫球 Pro V1，但比较容易被击上球道。如此一来，泰特利斯就成功推出了能吸引业余球手的球，同时专业球手也不会降格使用它。这是一项完美的解决方案，也是传统商业智慧的一项突破。

结局：泰特利斯的 NXT 在市场上大获成功，它在业余高尔夫球手的市场占有率从 20％提高到了 43％，在获得快速成长的同时也完全没有冲击到高端市场的销售量。泰特利斯通过一个有趣的想法，成功地让业务成长：一般消费者想要的未必是最佳产品的简化版本，他们其实有完全不同的需求。其他企业可以从中学习到的经验是：如果能深入了解顾客的需求，你就可以确定和细分每个市场，从而设计出能够取悦每个市场顾客的产品。

“陪审团的桌子”是另一个运用“事由—行动—结局”模式的商业故事案例：

事由：某位法官打电话给一名大学教授，请他帮忙选派一些心理系学生来研究陪审团审议过程及改善方式。一群年轻、充满理想的大学生参与了这项任务。他们聚在一起，热烈讨论如何处理这个事情。

行动：学生们采访了数十位法官、律师、前陪审员和其他法院工作人员，向他们询问各种不同的问题。学生们惊讶地发现：陪审团的种族背景甚至审议花费的时间似乎一点都不重要——真正重要的居然是议事室里的桌子形状！如果是长方形桌子，坐在主位的陪审员（即便他并不是陪审团主席）就更能主导整场的对话。而如果议事室里的桌子是圆形或是椭圆形，那么讨论通常会比较彻底和周全。这些学生非常兴奋，以为找到了一个简单的改善方案，可以让陪审团进行更具开放性的讨论。

结局：当这些学生将他们的研究成果呈送给首席法官时，他们感到非常骄傲。然而法官随即指示所有陪审团议事室的圆桌都改成长方形桌子。这些学生大感错愕，完全理不出头绪。原来这位法官心里想的并不单单是改善不完美的陪审团制度，他还想减少积压在法庭待审目录上的案件。他要的是更快速的决议，不管决议是对是错。报告可以得到优等，但是学生对于自己提议的结果却彻底感到失望。这个故事的真正教训是什么呢？每当你准备进行一项研究时，在开始之前一定要先弄清楚目的是什么。不要犯下自以为是的错误。一开始就要问清楚，否则后果只能自己承担。

关键思维

早在第一家正式企业成立之前……任何语言中最具威力的6个字都是："听我说个故事。"

——莱恩·马休 瓦特斯斯·威克

《谁有故事谁胜出》作者

每个卓越领导人都是说故事的高手。

——霍华德·加德纳，哈佛大学心理学家

身为一个企业领导人，你需要有效的简单架构。每个成人天生都是故事高手。从父母对你说床边故事时开始，你就一直在学习说故事的艺术。你已经了解一个好故事应该具备什么样的架构，唯一缺少的只是提示。今天，在这个星球上最成功的组织大多把说故事当成领导的主要工具。其中绝大多数公司会指派高层的"企业故事家"，分享公司最重要的故事。在耐克公司，所有高层主管都被指定为"企业故事家"；3M公司在多年之前就不再召开重点说明会，改为撰写"策略性故事"；宝洁公司则雇了好莱坞电影导演，为公司高层主管指导说故事的技巧。

——保罗·史密斯

情节

在真实世界的压力下，要将“事由—行动—结局”处理完美可能会有困难。因此，请使用下列要素：

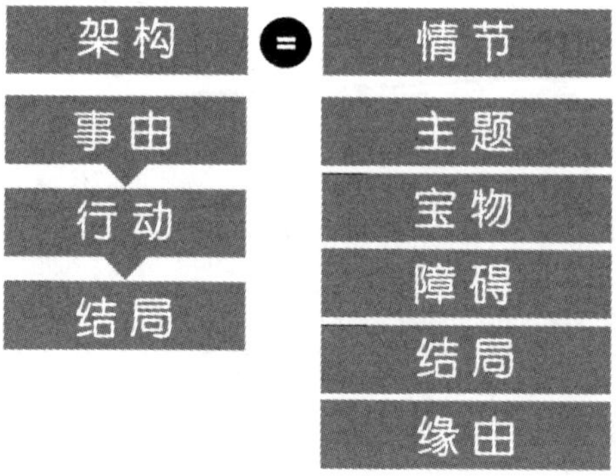

要说一个让人难忘又吸引人的商业故事，你必须充分描述细节：

（1）你想探讨的主题。

（2）主角追求的宝物或目标。当然，宝物愈诱人愈好。通常你会在事由中交代目前的主题、涉及的角色和他们追求的宝物。

（3）在追求目标的过程中，注定存在的一个或多个障碍。

（4）所有障碍被克服后产生的最后结局以及从这个故事中能汲取的教训。

（5）你说这个故事的缘由，通常会联系到你一开始时提到的想法或观念。有时候在故事里发生的波折，会有助于强化你想阐释的重点。当你叙述了某个迷人的故事，大家都会想知道英雄最后的遭遇。你还应该清楚说明应该汲取哪些教训，以免人们形成错误的认知。

要谨记故事通常是用来说而不是读的。可运用以下秘诀：

◎试着用简短的句子。必要的话，可以把冗长的句子分解成几个短句。

◎使用大家熟悉的日常用语，不要用那些听起来煞有介事但含义不清的话。

◎试着用主动语气，如："董事会注意到最高管理层并不支持这项推荐提案，所以他们予以否决。”不要用被动词句，如：“董事会并非没有注意到这项推荐提案缺乏管理层的支持。”

◎快速使用动词。不要让听众在熬过一大段漫长枯燥的叙述之后，才等到几个动作性的词句。描述动作会让你的叙述变得有趣。

◎说话简洁，直接切入主题。好故事大多只要2～3分钟就讲完了。如果你花的时间远远超过，那么你不是在胡扯，就是灌输了太多信息。

特色

要为你的故事添加亮点、趣味和吸引力，请采用以下要素：

特色
象征和比喻
感性
真实性
惊奇
听众
风格

要想让你的故事好到爆，你可以：

（1）在剧情中注入一些有趣的象征和比喻。象征是把某个新事物和另一个广为人知的既定事物进行类比。绝佳的象征可以强化故事，也可以成为某种新思潮的催化剂。运用象征的绝佳范例出现在迪士尼公司，它把所有主题乐园的员工称为“剧组成员”，以此传达一项信息，即他们以为顾客提供绝佳体验为己任，并会以此来进行各种决策。象征和比喻在商业故事中非常有效，因为你可以将故事和听众心中已经存在的想法相联系。只要用心去找，绝妙的象征俯拾皆是。

（2）你也可以诉诸感性，为故事增加张力。很多专家认为一个难忘故事的公式是：事实＋情感＋行动＝故事。换句话说，除非能唤起听众的情绪反应，否则你都不算成功地讲述了一个故事。你或许有一份优秀的案例研究或牢靠的备忘录，然而只有具有足够的感性成分时，它才能够晋级为故事。简单来说，人类会做出情绪性的决定，你必须认清这项事实并将它转为助力。最好的情感来源（而且通常未被利用）就是从一般人的角度出发，在顾客身上找出他从你的产品或服务中得到什么。只要稍加探究，就能找到许多方式为你的故事注入感性成分。

（3）要保持故事的真实性，就必须描述具体想法而非抽象概念。故事内容必须针对特定对象、真实事件或某个理解你企图的人，而不能是模糊的概括性陈述。要保持真实性，你还必须避免专业术语，而改用与听众有关的事实、数据或事件。一些公司通过塑造顾客角色的方法来打造具体故事，然后再反推回去作决策，以配合该人物会有的反应。采用类似技巧，你就可以用更具体可行的构想来取代概括陈述。

（4）如果你在故事一开始就加入惊奇的成分，人们就会立刻坐直并专注聆听。法国的戴高乐将军曾经说过："一个真正的领导人总是出其不意。"这句话用在商业故事上就显得特别有效。

如果你在讲述的内容中带上有新闻价值并具有高度话题性的事件，也能带出强有力的开场。当然你也可以出人意料地直率：“其实你并没有从我们的服务中获得最大的价值。如果我是你的话，就会把我们这些人开除!”这种开场方式绝对会让你脱颖而出。如果这种方式不可行，你依旧可以设法保留故事中的某项关键信息，直到结局才揭晓。这样做同样可以为故事带来冲击效果。

（5）另一种强化故事效果的绝佳方式，则是用某种有力的方式使听众融入故事之中。这听起来很难，但实则不然。不要只顾着讲自己的故事，你可以在某个关键点暂停一下，请听众回答他们遇到同样状况时会如何处理。你也可以设计一场实验或展示，让他们对你谈论的内容有亲身体验。基本上，人们对于听到的内容通常只会记得20％～30％，但是对于亲手做过的事就可以记得90％。如果你可以设法让观众成为故事情节的一部分，那么你所述内容产生的影响将会激增。

不过要记住，这种方式用在让听众大吃一惊的场合里效果最好——那最多只有几分钟的时间。

（6）另外还要注意你的故事风格，以及你所运用的各种风格元素。最棒的故事都有强劲且令人难忘的开场——一个大惊奇、一道谜题或是一个即将面对的困难挑战。如果你可以在故事中加入一些真实人物和特别角色，效果会更好。主要角色之间的对话可以让在场的人产生共识并让情绪随着剧情起伏。语气积极的简短语句效果最好。对于特别强调的重要字眼、句子或想法要不断重复。大量且密集使用动词。使用正确文法，避免语法错误。同时绝对不要在说故事之前先发表声明或表示歉意——只要开口说就对了。

关键思维

如果有人担任清洁工，他打扫街道时应该像米开朗基罗画画、贝多芬作曲或莎士比亚写诗一样专注。他要好好打扫街道，好到天地万物都停下来说："这里有一位伟大的清洁工，他做得极为出色。"

——马丁·路德·金，美国民权运动领袖

你该如何说故事呢？用满腔热情。

——大卫·阿姆斯特朗，作家

二　运用商业故事应对领导的 5 项挑战

讲述商业故事具有绝佳的威力和适应性，可以成功地用来应对企业领导可能面临的 5 项挑战。在商业场合说故事已经是一种很成熟的做法。

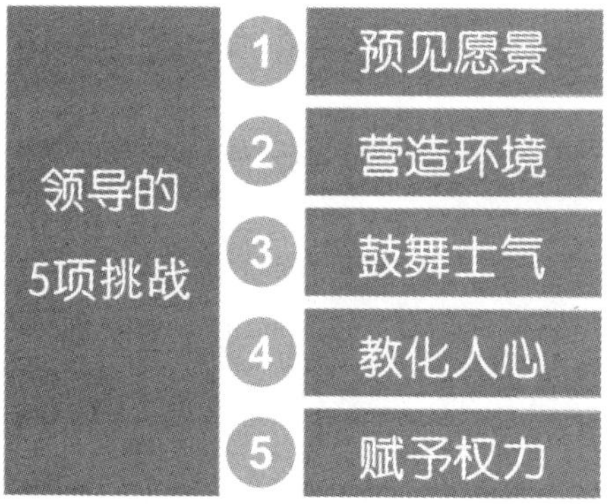

预见愿景

让你的听众想象成功的画面并激发他们采取行动。

1 清楚说明未来的愿望
2 设定目标并许下承诺
3 成功地领导变革
4 设法强化你的提议
5 从顾客的角度定义成功

讲故事是让人们加入你的行列并和你一起前进的绝佳方法。你可以利用故事使每个人都从内心赞同某项任务。这是一种非常高明的操作手法，因为当人们想为自己的想法负责时，他们就会更有执行力。所以你要寻找能够描述迷人未来的故事，这样就可以引导全员向乐土前进。

这里讲述一个例子。

事由：杰克·韦尔奇在 1981 年成为通用公司的董事长兼 CEO。他花了大约一年时间来亲自考察公司各运营单位。在他访问通用公司位于美国加利福尼亚州圣何塞的核反应堆事业部时，当地的领导团队拿出了一份乐观的计划，认为他们每年可以卖出 3 座新的反应堆。

行动：杰克·韦尔奇听了他们的汇报，指出发生在宾夕法尼亚州三里岛的核泄漏事件已经彻底改变了整个行业。他认为在可预见的未来，公众将不再支持核电厂。他坦率地说："各位，你们不但1年接不到3个订单。在我看来，你们在美国境内再也接不到任何1个新核电厂的订单。"杰克·韦尔奇接着建议除了保持向通用公司已兴建的72座正在使用中的核反应堆继续销售核燃料及相关服务之外，他们应该想法子做点别的生意。

结局：下属们听了公司新CEO的这番话，每个人都吓坏了，他们争辩说不再接单将打击公司士气，这样通用公司在新订单出现的时候就无法再启动这项业务了。杰克·韦尔奇并不接受这种说法。最后通用公司重新调整了这个事业部的人事安排，使其专注于服务而非传统的销售模式。这项策略非常成功，在接下来的两年内，公司收益就从1400万美元增长到1.16亿美元。顺便说一句，在杰克·韦尔奇退休后20年，通用公司在美国仍然没有接到过任何一个核反应堆的新订单。

在任何组织中推动变革都是很困难的。即便人们承认必须进行变革，也承认必须停止目前所做的事并开始采取不同的行动，然而人们还是会产生各式各样的情感和心理障碍。如果你可以通过一个故事打动他们的内心，这会比备忘录或指令更有效。只要故事说得好，众人可合力移山。

关键思维

如果人们没有嘲笑你的想法，就表示你的创意仍显不足。

——大卫·阿姆斯特朗

不要教人们如何做事。你只要告诉他们该去做什么，他们就会各显神通让你感到惊奇。

——小乔治·巴顿，美国陆军四星上将

说故事已证实是一项有力的工具，它消弭了

存在于科学研究和商业词汇之间的语言障碍。

——克里斯多福·法兰克，微软公司研究员

罗莉·席尔菲曼在《事后警醒》一书中讲述了一个故事：几个任职于百时美施贵宝公司的聪明人，用公司总裁最喜欢的伦敦《金融时报》的版式，编写了一个关于未来的故事。为什么要这么做呢？因为总裁没时间阅读他们长达50页的策略建议文件。他们把刊物从总裁办的门缝底下塞了进去，上面的标题是这样的："百时美施贵宝公司是全球首屈一指的制药公司。"总裁读了一半时才注意到页面顶端的日期是尚未到来的日子。等读完文章，他就完全明白了团队准备提出的策略方案，因为方案的所有内容都写在故事里了。

——保罗·史密斯

营造环境

塑造一种文化，让人们全力以赴。

1. 定义你想建立的文化
2. 塑造组织价值
3. 鼓励通力合作和建立关系
4. 创造包容性并尊重多样性
5. 制订没有太多规矩的政策

要营造成功的环境，故事具有绝佳的效果。你可以用它来：

（1）定义你想建立的文化——散播一些故事，展现你想建立的文化。诉说不良行为的故事，可以让违反者学到适当的教训。用来建立文化的故事可以影响组织中的不成文规范，培养人们具有合宜举止。

（2）塑造组织价值——用鲜活的方式详细阐述公司的价值和原则。一个讲述某位员工面对艰巨挑战却坚守承诺、最后实现某项壮举的故事，胜过千言万语。你应该随时随地寻找这种能彰显组织价值的故事。

（3）鼓励通力合作和建立关系——可以让人

们聚在一起分享个人故事。当人们发现彼此享有共通的价值观时，就会不由自主地建立起更好的关系。能够让人们产生强烈情绪的动人故事，具有高度的包容性，可以为人们建立绝佳的未来合作平台。故事也可以成为有效的招募工具，因为它可以鲜活地呈现公司工作时的场景。

（4）创造包容性并尊重多样性——拿出最好的表现。你应该从自己的组织中寻找一些故事，用明确且生动的细节详细说明包容性的重要。即便是传闻也可以传达微妙的训诫。运用适当的故事，你可以处理一些人们经常避而不谈的议题。下次当你主持会议时，分享一些个人故事，看看会发生什么事。如果人们以自己的故事来回应，那么你已经开始踏上创造一支真正具有包容性团队的道路。

（5）制订没有太多规矩的政策——制造一种理想状态。人们多半不会去读规章条例，却乐于听故事。当你用故事来强调要求的行为时，发生误解的可能性就小。比起一堆明文规定的规矩，一个动听的好故事更能让人们朝正确方向前进。

具体如何营造环境呢？请看如下案例：

事由：2000年6月，安卓·穆非尔德在网络风潮的鼓舞下，辞去了在花旗银行投资顾问的工作。他在伦敦开设了一家网络公司，专门给小型企业贷款。“那时既兴奋又恐惧”，他之后如此坦承。这家新公司刚开始时做得不错，但是几个月之后便遭遇现金不足的危机。穆非尔德发现自己没有能力支付员工薪水。由于在大型企业供职多年，他的本能反应就是独自决定每位员工可以拿到多少薪水，然后私下和他们单独碰面并提出他的方案。唯一的问题是这样的操作方式可能引起质疑。

行动：思考并放弃原本的计划之后，穆非尔德做了一件非常有创意的事。他把全部25名员工都叫到会议室，一五一十地说明实情。接着他询问他的所有员工，他们认为他应该怎么做。

结局：那个月公司只能支付给每名员工原来薪水的 1/3，穆非尔德认为他的员工可能同意这个做法。然而，员工们却提出完全不同的方案：给 1/3 员工付全额薪资，另外 2/3 员工则等到一两个月后再补发。穆非尔德想到要决定谁先谁后就吓坏了，但是员工却愿意自己来决定。他们知道谁对现金有最迫切的需求，同时也有好几个人自愿延后。

接下来的几个月里，公司运营也慢慢顺利，每个人都收到迟发的薪水，最后该公司也以相当可观的价格卖出。安卓·穆非尔德重返银行界，并被英国骏懋银行任命为执行董事，不过他永远都不会忘记他在那家小公司学到的两个教训：

◎遭遇危机时，如果你对员工保持真诚、开放及坦白，他们的创造力会让你大感惊奇。

◎如果你让人们参与理性讨论，而不只是丢出一道命令，那么他们就可能提出一些你无论如何也想不到的解决方案。如果解决方案是员工们自己想出来的，他们对解决方案的接受度当然也会比较高。对于棘手的议题，最好采取开放的态度诚实以对。

关键思维

不管你要不要，人们就是会传诵你的故事。挑一些给他们说说吧。

——鲍伯·麦当劳，宝洁公司 CEO

鼓舞士气

鼓舞人们保持高昂士气并专注于正确的事物。

1. 激励和鼓舞
2. 建立勇气和毅力
3. 协助他人找到工作热情

在当今世界，简直有无数令人分心的事物正通过现代通信科技持续不断地干扰着员工。但故事可以通过鼓舞和激励抵消这种现象。怎么做呢?

（1）激励和鼓舞——讲一些人们克服艰难挑战最后成为赢家的真实故事。一个经过精心挑选和妥善讲述的故事会对士气产生巨大影响，这是只讲事实不讲故事无法做到的。

（2）建立勇气和毅力——人们历经种种挫折仍坚持奋斗的故事会产生鼓舞效果。发明家托马斯·爱迪生曾经说:“许多人生的失败，常常是因为人们不知道自己在放弃时离成功有多近。”这真是肺腑之言。只要你肯去寻找，可以验证这种说法的故事到处都是。

（3）协助他人找到工作热情——尤其是在事关你真正想达成的目标时。你无法命令人们热爱他们的工作，但通过讲述一些故事，比如是你的产品或服务对顾客生活产生了哪些影响，你就可以帮助他们发现或找回自己的热情。故事能够激发热情，你有能力也应该发挥这种优势。

具体如何鼓舞士气，请看以下案例:

事由：理查德·费曼是一位诺贝尔物理学奖得主。20世纪40年代初，他在美国洛斯阿拉莫斯国家实验室担任曼哈顿计划的工程师。他年轻的太太在附近的阿布奎基市接受结核病治疗，他常会在周末搭便车到医院看她。有一天，太太叫他用邮购买来的大型烤肉架烤牛排吃，因为她已经厌烦了医院的伙食。费曼说："我们怎么能在医院里烤这种会冒出一堆油烟的东西呢?"她回答："那你就到医院前面的草坪上烤吧。"费曼抗议说这样会让驶经附近高速公路的人以为他疯了，但是他妻子说："你何必在意别人想什么?"

行动：这句话戳中了费曼的内心深处。此后每个周末，他都在医院正前方草坪上为妻子烤一块牛排。虽然疾病最终还是夺去了妻子的生命，但费曼终其一生都专注于真正重要的事物，毫不在乎别人对他的看法。

结局：费曼终于成为世界上最知名的物理学家。他还在1986年挑战者号航天飞机失事后的调查中扮演了重要角色：在一场国会调查小组的听证会上，他抛出一个泡过冰水的O型环。这个变形的O型环完美地说明了发射失败的原因。

教化人心

用令人难忘且具启发性的故事传授重要教训。

1. 教导重要经验
2. 提供指导和反馈
3. 用行动示范如何处理问题
4. 帮助每个人了解顾客

在组织中，故事是教育及训练人们的绝佳方式。如果能分享一些描述面对困难挑战并最终克服的真实故事，你就可以传授一些关键经验，而且也更令人难忘——除了亲自实践之外，没有什么其他方式比这样做效果更好。

（1）教导重要经验——记住，一个人从自己的失败中学到的东西永远比从成功中学到的更多。因此，如果故事里有两个人走上两条路，其中一个人成功另一个人失败，这样就能产生极佳对比。如果你以大家熟悉的真实人物举例，效果会更好，不过即便是虚构人物，故事也一样有效。通过详尽探讨不同决策所导致的不同方向，你就可以生动地传授非常重要的经验。

（2）提供指导和反馈——故事的绝佳优点就是它并非单线发展。你可以讲述一个故事，听众会逐渐发现故事所探讨的现象也可以用在他们自己身上。那些在别的行业领域中面对困难挑战，能跳出思维局限并最终得到创新解决方案的故事，不仅能鼓舞人心，还会让人们开始动起来，找到自己想要的解决方案。就解决问题的过程而言，故事可以推动每个阶段或步骤的前进。

（3）用行动示范如何处理问题——离开办公桌出去拜访顾客。发掘他们的故事，然后写下来和你的员工分享。用一整天的时间来了解顾客购买你的产品或服务是想要得到什么。针对你的顾客构思一则吸引人的故事，让它广为传颂。你的员工会喜爱它，也会比以往更加专注于顾客本身，并且可能产生一些重大突破。

（4）帮助每个人了解顾客——制作一些短片来描述典型顾客的日常生活。你会拥有远比报告、备忘录、图表或其他任何事物更好的教育工具。让组织中每个人都了解顾客，这可能是扭转战局的关键。至少人们会持续播放这些视频，而研究报告则只会搁在某个抽屉角落里无人问津。视频和短文都是不可思议的教育工具，要善加利用。

赋予权力

下放权力并允许人们追求卓越。

1. 允许人们依循直觉
2. 鼓励革新和创造
3. 宣传、销售是每个人的职责
4. 赢得领导者的尊重

领导所面对的第五项也是最后一项挑战，就是设法有效地授予他人权力，让他们倾力而为。每位伟大的领导者都会这么做。而讲故事可以达成这个目的。

除了授予权力之外，在适当时间说适当的故事还能够产生长远的影响。你可以用各种不同方式来讲述授权的故事：

（1）你可以讲述一些领导者将权力授予其他人，允许对方在艰难时刻依循自己直觉行事的故事；也可以讲述人们为自己的公司做出攸关成败的决定，而最终获得成功的故事。这样的故事将产生不可思议的鼓舞效果。一些悲壮的失败故事则可以用来说明授权可能产生的隐患。

（2）有很多故事可以说明，在某些状况下，人们必须抛开自己过去所学的一切，而依照自己的直觉行事。人们爱听那些反抗者或是有独立思想的人逆流而上成就卓越的故事。

（3）企业界有许多可以说明团队跳出既有框架，变得更有创意的故事。你也可以找一些对既有的事物重新思考，从中发展出独特方式的创新故事。这类故事之所以有效果，是因为它会传达出欢迎创新和创造力的信息。

那么去哪里寻找能帮助你面对5项挑战的故事呢?

◎从过去寻找故事——你亲身经历的事物和那些造就你职业生涯、热情和目标的事物。找出一些足以阐释“我是谁”和“我相信什么”的事物。

◎寻找发生在你周遭的故事——你观察到的、你曾经参与过的成功故事等。

◎记录别人告诉你的经验——是否有某些故事可以用来阐释关键点。询问顾客、供应商和合作伙伴是否知道什么好故事。试着在内部举办的说故事时间里找出一些新颖的素材。

◎留意来自媒体、网络或纯粹陌生人的励志故事——不论何时何地,遇见好的故事就收集起来。

你一听到好故事,就把它保存在某个资料库里。这项工作不需要过于复杂——刚开始时你可以写下听到的故事,再把它保存在某个资料夹中。当收集到一定数量之后，再运用主题、角色或其他有意义的索引进行分类。通过对资料做妥善的整理，你或许可以发展出一套故事矩阵，将收藏的故事依主题或用途进行分类。有很多方法可以完成这项工作。

如果有以下状况发生，你会发现你收集和讲述故事的工作都做得不错：

◎你的领导技巧开始进步——主要表现是人们通过听你讲故事，能够理解你期望他们去做的事，你们在工作上更加通力合作。

◎你会听到有人对你说你自己的故事——这些人甚至不知道这个故事就是你最先开始说的。伟大的故事就像流行病毒一样，会一而再、再而三地出现并传遍各地。如果人们记得它并向其他人讲述，就表示你做得很好。

◎你会发现每当面临挑战时，你的第一个本能反应就是找个好故事来说——你知道这正是感动人心及实现目标的最佳方法。

关键思维

你的声誉就是人们谈论的那些关于你的故事。你想要人们说什么，就抢先告诉他们。成为说故事高手最重要的一步当然就是说故事。结结巴巴地说出前一两个拙劣的故事，是开始时的必经过程，但这无法造就故事高手。要成为一位真正的故事高手，则需要对故事的尊重和讲述故事的热情，这是新手必须花时间营造的。作家兼诗人玛雅·安杰罗曾经说："最痛苦的事莫过于内心深藏不为人知的故事。"那么你是如何知道自己已经成为真正的故事高手了呢？当你有这种痛苦的时候，你就明白了。

——保罗·史密斯

交心的领导

Everyone Communicates, Few Connect

What the Most Effective Leaders Do Differently

原著作者简介

约翰·C. 麦克斯维尔（John C. Maxwell），领导学专家、演说家和作家，著有50余本著作，全球总销量超过1800万册，其中有3本著作的销售量都超过了100万册，包括《领导力21法则》、《从内做起：发展自己的领导力》和《领袖21特质》。创办非营利训练组织EQUIP，该组织在126个国家训练了超过500万名领导者。麦克斯维尔每年都会对各种各样的组织发表演说，包括全球500强企业、政府机构、美国职业美式足球联盟和美国西点军校。他毕业于美国俄亥俄基督教大学、阿兹塞太平洋大学和富勒神学院。

本文编译：黄玩

主要内容

主题看板

交　心

每个人都在说个不停，但又有谁真正懂得建立情感上的联系？

脸书热潮这两年席卷世界，从上班族到学生，许多人都身陷其中，无法自拔。通过脸书，用户可以轻易认识许多人，与他们在网上沟通、交换意见等，甚至还有人会以追求庞大的朋友群为乐。但也有人开始怀疑：朋友可以量化吗？这种友谊关系具有信任和真诚吗？

人与人的交往应当建立在信赖与关怀的基础上。在网络上，这些价值当然还是存在的，但绝对不该用加好友、点赞、打赏等方法来表现。脸书上的多数朋友都是素未谋面的陌生人，用户没有机会真正接触对方并建立情感交流。而对于不了解的人，又如何做到真正交心呢？《交心的领导》正是要回答这个问题。许多职场上不断被提出的老问题，例如沟通徒具形式、团队士气无法凝聚等，都是因为忽视了交心的重要性。英国诗人爱默生说："信任别人，他们就会真诚对你；尊重别人，他们就会展现自己最好的一面。"领导其实就是在处理人际关系，在表现形式上，它是主管与下属之间的单向权力关系，但实质上却是相互影响的双向沟通过程。

真诚的表扬与称赞就是对员工价值最好的肯定和重视。一旦员工的心理需求得到满足，他们的潜在能力也就被激发出来。在与员工建立情感联系后，领导者就能赢得他们的支持与追随。交心的领导能让团队更为稳固和谐，也会让每位成员的表现都超越期待。

5分钟摘要

交心需要学习

每个人随时都在沟通——不论你是否察觉。但是要成为真正有效的领导者，你就必须学习如何在日常生活中和其他人交心。为此，你必须了解交心的5大原则，然后再运用相对应的5种方法。

通过观察杰出领导者和沟通者的实际做法，你可以学到很多，但只有真正实践，你才能得到最深刻的体验。当你通过反复摸索认识到哪些方法有效时，你和其他人交心的能力就得到提高。领导的挑战在于要尽量发挥自己所拥有的，而不是纠结于自己所没有的，和人交心就可以帮助人做到这一点。

关键思维

如果你想学习如何交心并使自己的所有行动更具成效，那么告诉你一个好消息：即便你目前并不擅长和其他人交心，你还是可以学习相关方法并取得进步。学习和人交心将会改变你的人生。

——约翰·C. 麦克斯维尔

一 交心的 5 大原则

简单来说，交心就是要培养自己和他人融洽相处的能力。要成为更有成效和影响力的领导者，你就必须学习如何和他人交心。要做到这点，就要了解和人交心的 5 大原则。

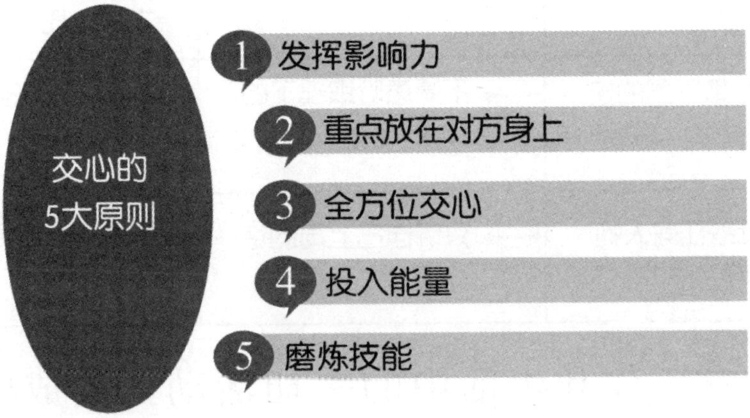

1. 发挥影响力

和他人交心远比你的文案或简报更有影响力。交心带给人的真心和诚挚的感受，可以让人克服种种困难和挑战。

事实上，一项针对1.6万名高层主管的研究显示，成就与交心能力之间有直接的关联。比较高成就者、普通成就者和低成就者，很容易发现沟通能力是其关键的差异之处。

高成就者	普通成就者	低成就者
↑ 对交易对象和获利同样关心，甚至更高	←→ 注重生产方面，不太在意交易对象	↓ 一心只想保住自己的饭碗，从来不去思考顾客的需求
↑ 正面看待自己的下属，设法让他们共同投入	←→ 几乎只注重自己的状况	↓ 对于部下以及他们所能做的贡献，基本不信任
↑ 愿意听取下属的建议	←→ 不愿意听取部下的建议	↓ 不会听取任何人的建议
↑ 愿意听取任何人的好点子	←→ 只听自己上司的话	↓ 尽量避免沟通，仅靠政策规范

你在工作和生活中的一切活动，其成败都取决于交心的能力，这是很明显的。如果你擅长交心，你就会有更高的成就，也更能发挥自己的才能和能力，而这会让你的行为更具效率。

你所带的团队愈小，交心能力就愈重要。卓

越领导者不管是面对个人、团队或是群体，都能够和他们交心。要更善于交心，你应该：

◎养成多谈对方、少谈自己的习惯。

◎每一次与他人互动，都要设法注入有用的想法或构想。

◎对他人的行为表示赞美。

◎认真寻找能够为团体创造价值的方法。

◎如果你有幸获得成功，要肯定其他人在你的成就中所发挥的作用。

关键思维

如果能回到大学校园，我会专注两个领域：写作和发表演说。人生中，没有比有效沟通更重要的事了。

——杰拉尔德·福特，美国第38任总统

对于专业人士而言，更上一层楼和升迁的首要标准就是拥有有效沟通的能力。

——《哈佛商业评论》

建立卓越企业的人了解，卓越企业成长的最大瓶颈并不在于市场、技术、竞争或产品，而在于一项最重要的因素——网罗并留住适当的人才。

——吉姆·柯林斯，《从A到A^{+}》作者

我愈来愈确信，良好的沟通和领导在于交心。不论是面对个人、团体还是群体，如果你都能够交心，那么你与人们的关系就会更稳固，你营造团队合作的能力会更强，你的影响力会更大，你公司的生产效率也会一飞冲天。

——约翰·C. 麦克斯维尔

2. **重点放在对方身上**

当你尝试和其他人交心时，记住重点永远不是自己——是你互动对象的兴趣和喜好。专注于对方重视的事物，你就会是他们见过的最有趣的人之一。

这种说法听起来理所当然，但是人们往往会因为各式各样的理由，忘记把重点放在他人

身上：

◎心态不够成熟可能会蒙蔽你的判断，并让你以自我为中心，而不去关注他人。

◎你可能自尊心太强，不切实际地高估自己的重要性。

◎你可能太过于专注在自己的事情上，对于别人的投入没有给予应有的重视。

◎你可能想凡事亲力亲为，而没有全力善用他人的投入。

◎你可能缺乏自信，没有安全感。

要排除和克服这类问题并真正和人交心，就必须保证你所做的一切都要能够回答所有人都会问到的3个基本问题：

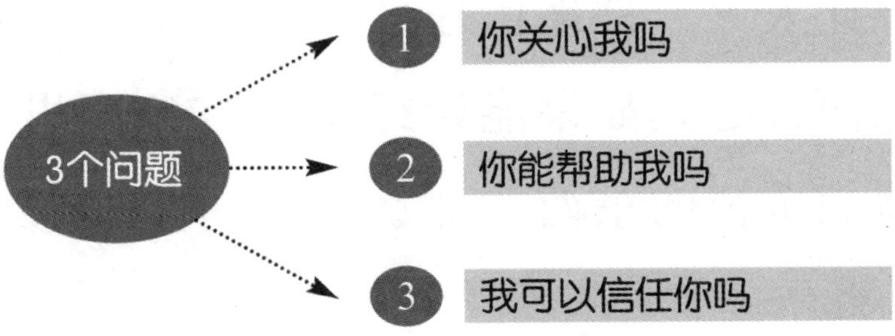

（1）你关心我吗——要和你互动的对象彼此交心。要建立有意义的关系并影响他人，就要把对方视为自己想要往来的对象，而非只是每个月业绩目标中的数字。

（2）你能帮助我吗——我们总愿意与那些能够带来助益的人交心，这是一种天生的本能。要展现出互动可以创造的价值。换句话说，当你和人谈话时，应该注重效益，也就是强调你的产品或服务能够为他们做什么，而不能只强调功能。在信息饱和的世界，你只有证明自己能够给人带来帮助，才能够获得他人的注意。

（3）我可以信任你吗——比起那种只顾自己的人，我们更愿意和自己信任的人深入交心。你也应该让人无条件地信任。

总而言之，如果能始终从对方角度思考，并找出他们重视的东西，那么你就一定能够和他们交心。

关键思维

如果愿意放下自己的事情，努力了解其他人想要的是什么，你就能够和他交心。如果真心想帮助他人，交心就会自然而然地发生——从原本刻意去做的事情转化成自我的一部分。如果你愿意学习如何交心，那么为你而开的门，和你往来的人，都将令你惊喜。你该做的就是不断提醒自己，交心的重点在于他人。

——约翰·C. 麦克斯维尔

如果你先帮助别人得到他们所想要的，他们就会帮助你得到你所想要的。

——吉格·金克拉，美国成功学大师

如果你想让一个人支持你的理想，先要让他相信你是他的真心朋友。

——林肯

有些歌手希望听众喜爱他们，我则是去爱这些听众。

——帕瓦罗蒂

我能进行演说，是因为我喜欢人，想帮助人。

——诺曼·文森特·皮尔，美国牧师及作家

3. **全方位交心**

人们往往以为，自己所说的话是能否交心的决定性因素。这是不对的。要真正交心，必须在4个层面上建立联系：

（1）视觉层面——你必须让对方看到你专心注意他们，而不是在一心多用。这意味着要避免分心。如果你正在悄悄看手机，那么对方就不太可能告诉你他们内心最在意的事情。如果你仪容不佳或是穿着不当，就无法给对方留下良好印象。除了做好这些基本方面，你还必须学习如何展现适当的表情。如果说话时总是面无表情，大家就会觉得和你相处起来不自在。你必须用脸部表情传达出你乐于和对方谈话的意愿。要多微笑，要摆出开放的姿态，要努力排除你和沟通对象之间的障碍。此外你还要让他人从视觉上感觉到你很认真地倾听他们所说的内容，而不是心不在焉或不感兴趣。要让人看到你的投入，而不能让人觉得你正等着谈话的空当，好插进背好的推销台词。

（2）知识层面——对于自己要谈的主题必须有深入的了解。如果听众无法感受到你对所谈的主题有切身体验，就会觉得你言行不一。同样，如果你无法清楚表达自己的所知，也会让别人产生疏离感。有效的沟通者总是能坦然地做自己，对自己的能力充满信心。如果你不能做到这点，就会阻碍交心。

（3）情感层面——你必须先赢得别人的心，

才有机会赢得别人的认同。人容易被个人魅力所吸引。别人在听你说话时，你在这个主题上所表现出的能量和热情，会让他们产生感受和记忆。和他人谈话时，要使对方感受到你的感情和能量。不要只是提供论据，还要带着自己的情感和观点。

（4）语言层面——你应该善用言辞的力量。言辞是构想的沟通媒介，从远古以来就具有改变世界的力量。要采用正面且令人难忘的言辞，学习和掌握语气、音节的抑扬顿挫，生动地让所说的内容传达自己的信心。良好的语言表达可以帮助你追求和实现自己的理想、目标。

事实上，和他人交心并不只有天才才能做到，也不需要具备无穷的个人魅力或是演说大师般的台风。你真正需要的就是积极、自信并把重点放在他人身上，然后通过情感、语言、知识和视觉来和人交心。而其他的一切都只是不重要的包装。

关键思维

你想传达的任何信息都应该带有你个人的特色。不能只是说话，也不能只是传达信息。你必须让自己成为你所要传达的那个信息，否则你就没有可信度，也无法和人交心。

——约翰·C. 麦克斯维尔

你所说的言辞，绝对没有你在说话时所展现的活力、投入和信心重要。

——朱尔士·罗斯，史隆超市总裁兼 CEO

沟通不是靠语法、口才、修辞或是口齿，而是靠传递信息时所带的情感背景。人们只有在跟你亲近时才能听到你所说的。如果你的言辞咄咄逼人，对方就不太可能听……态度才是演说的真正主角。

——爱德温·佛莱曼，领导学专家

几乎正确的言辞和正确的言辞之间，其实有相当大的差异——如同萤火虫和闪电的差异。

——马克·吐温，美国作家

如果没有感受，你的喇叭就传达不出感动。

——查理·帕克，爵士乐手

4. 投入能量

和人交心时必须很用心，也就是说，你必须投入能量去推动所要达成的目标。

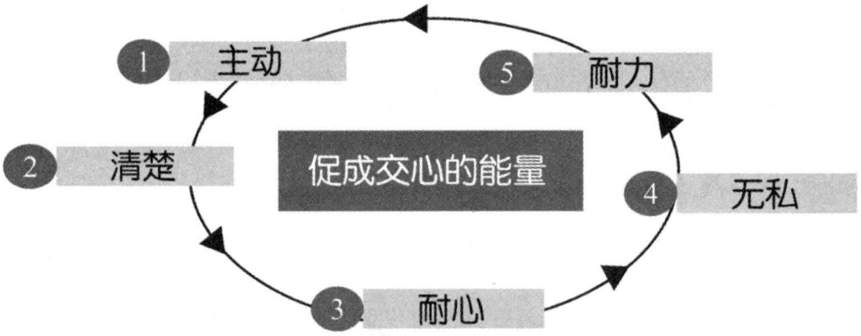

要运用促成交心的能量，有5种积极主动的方法：

（1）先跨出第一步——不要等待对方来和你交心。采取一些行动，展现自己想和对方交心的愿望。与其坐等可能永远都不会出现的完美时机，不如立刻采取行动。

（2）做好周全准备，让自己清楚地说明和行动以打动别人——要非常深入地了解自己的听众，找出他们所关切的议题并将其当成沟通的重点。事先规划好希望让对方产生的感受，将适当的要素结合起来。

（3）要有耐心，稍微放慢一点——让你的想法有时间沉淀生根。如果过于急躁，你就会犯下错误。把握好节奏，把每一个步骤做好，不要仓促地把自己要说的话一股脑儿说完。

（4）要施不要受——要无私。尽全力去帮助他人实现目标，并且一定要尽自己最大所能。这会耗费你大量心力，不过绝对是有必要的。不论何时都百分之百付出的人，总是会让人想和他交心。

（5）交心需要耐力——要经常替自己充电。要储备心智、身体和情感的能量，还要好好安排自己的生活，避免那些会耗尽自己能量、却一事无成的活动。对自己不擅长的事务，就聘请更擅长的人来做。找出能让自己充电的活动，让它成为你日程表中固定的项目。

关键思维

唯有能量让人继续前进，而能量不就是对生活的热爱吗？

——路易·奥钦克洛斯，美国小说家

我郑重地承诺：从今天开始，只要有顾客距我 10 尺（约 3 米）之内，我就会微笑、注视他并问候。

——山姆·沃尔顿，沃尔玛创办人

智者立刻行动，愚者拖到最后。

——犹太谚语

5. **磨炼技能**

他人为何会选择和你交心？一般是受到以下因素的影响：

◎你所拥有的关系——你认识的人以及你具备的专业资历。

◎你的见识——过去经历所累积的才识。

◎你的成就——在你的职业生涯或人生中所

达成的成果。

◎你的能力——你在特定领域所具备的各种技能和能力。

◎你目前为止所做的牺牲——你曾克服的严峻状况、曾跨越的障碍以及你经历的一切。

◎你的自信——还有你在说话时所展现出的表现。大家都喜欢那些知道自己要什么、应往哪里去的进取者，并喜欢与其为友。

◎真诚和正直——言出必行，展现真正的自我。

◎你事先的准备——对所要谈论主题进行研究并做好有所贡献的准备。

◎你的幽默感——你能说有趣的笑话，对自己做的事情乐在其中。

◎你能关注他人——并针对他们的问题提出解决方案，而不是以自我为中心。

◎你能演朋友和顾问的角色——让其他人愿意信任和喜爱你。

重点在于，没有人可以一开始就具备上述所有因素。即使是那些优秀的沟通者，刚开始沟通的效果也都比较差，但是他们会持续努力强化自己的能力，而你也必须经过同样的学习过程。要学习并持续增进交心的能力。在这方面，重要的是过程，而不是目的。

关键思维

卓越沟通者都拥有交心的能力。你不能仅凭运气便获得成功，你必须充分运用你所具有的技能和体验，学习如何与他人交心。不管你到哪里，你都要观察善于交心的人是如何与人进行一对一互动的。你只要愿意努力，就会更善于交心。

——约翰·麦克斯维尔

二　交心的5种方法

有5种方法，是任何人都可以用来让自己更善于和人交心的——不论年龄、经历还是天赋。这5种方法，能大大改变你的人生。

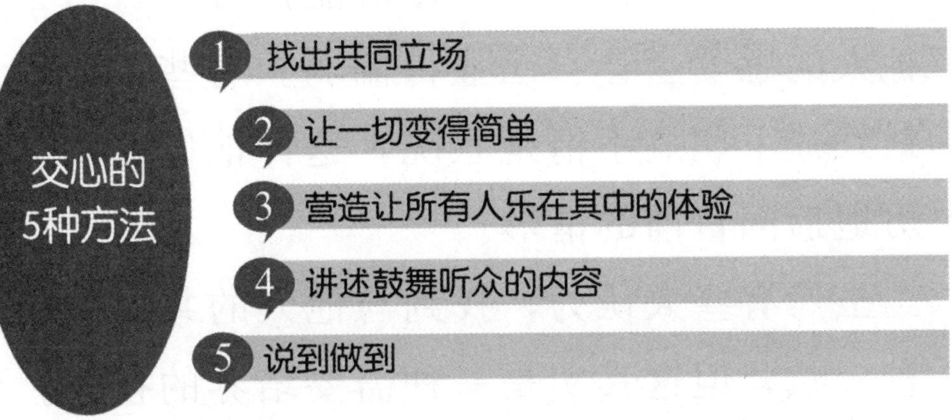

1. 找出共同立场

你应该找出双方的共同立场，并以此为基础谋求进一步发展。这个道理听起来是如此简单，不禁让人怀疑为什么有时那么难做到。实际上，有4种障碍可能让人难以找到共同立场：

◎预设立场——你误以为自己很清楚对方的想法或感受，而没有直接询问对方。

◎态度傲慢——你认为没有必要去了解他人的感受或需求。如果丝毫不关心对方，你永远都无法成功地和对方建立关系。

◎漠不关心——你不愿意费心去了解他人的想法或需求。

◎害怕失去控制——你可能担心让自己去了解他人的感受会让自己显得懦弱。有些领导者认为最好让下属搞不清楚状况，这样他们就不会太严厉地追问目前的情形。

虽然有些人认为，找到与他人的共同立场是一种天赋，但这其实是一种需要培养的技能。要找到与他人的共同立场，有8件事值得去做：

1 容易亲近
2 以同理心倾听
3 提出问题
4 体贴
5 抱持开放的态度
6 让人喜欢
7 要谦虚
8 展现弹性

◎容易亲近——下定决心，愿意花时间亲自去了解目前的状况并投入心思。

◎以同理心倾听——让其他人告诉你实际的情形。不要忙着讲话，却没有注意到其他人在说些什么。

◎提出问题——抛开你自以为知道的事情，抱着充分的兴趣提问。提出有价值的问题，然后等待对方回答，深入了解状况。

◎体贴——尽量替他人着想，感谢他们提出意见。

◎抱持开放的态度——让其他人进入你的生活，建立共同利益并以此为基础继续发展。

◎让人喜欢——关心他人并乐意伸出援手。人们都喜欢会关心自己的人。

◎谦虚——在追求个人的利益之前，先想到对方的需求。

◎展现弹性——转换成对方的立场，从对方的角度看事情。

其中，展现弹性最重要，只要努力从对方的角度看事情，你的交心能力就能显著提升。人们往往认为，沟通者的工作就是把大量信息传递给对方，其实理想的做法是把沟通看成一段旅程。你和对方的共通点愈多，你们就愈可能一起踏上这个旅程。找出共同立场会打开沟通的大门。

关键思维

当我准备规劝一个人时，我会花 1/3 的时间来思考我自己和我要说的话，而其余 2/3 的时间则用来思考对方以及他可能说的话。

——林肯

我担任顾问最擅长的是：表现出无知，然后提出问题。

——彼得·德鲁克，管理大师

我对凡事都感到好奇，我常常会问一个我最喜欢问的问题："为什么？"在我的电视节目中，这大概是我用得最多的一个词。这是从古至今最重要的问题，也是未来最重要的问题。而且，这绝对是让对话生动和有趣的最有效方法。

——赖瑞·金，广播及电视主持人

如果一定要选出沟通的首要原则，也就是最能开启交心之门的方法，那就是寻求共同立场。不论你是要解决与伴侣的冲突、教育小孩、谈生意、推销产品、写书、主持会议还是要与听众沟通，这个原则都适用。如果你只注重自己，就很难找到与他人的立场。

——约翰·C. 麦克斯维尔

2. 努力让一切尽量简单

要真正与人交心，就不要用花哨的言语来引起他们的注意。应该把一切简化成简单的概念，这样人们就会愿意与你交流。

要让事物尽量简单，有 5 项指导原则可以依循：

（1）养成和人对话的习惯——而不是说教。把复杂的事物细分成容易理解的几个部分，然后用简单的言语来解释。只要这么做，就会得到听众的喜爱。

（2）切入重点——要清楚、扼要、迅速。卓越沟通者会事先思考自己的诉求，并且在叙述时把握方向。如果你也能这么做，就更会有机会与人交心。大家都喜欢说话清楚明确的人，所以你在说话的时候要点出重点，细节可留待之后再说。

（3）一再重复你的重点——再不厌其烦地加以重复。重复是根本不变的学习原则。要让人们了解并接纳你的说法，就必须不断重复，直到对方习以为常为止。

（4）清楚明确地说出自己想说的话——让大家有相同的认知。如果没有清楚阐述自己的想法，就可能产生许多误解。要记住，人们最后只会接受自己能理解的想法，所以讲话一定要清楚、扼要。

（5）一定要尽量少说——大家会因此喜爱你。不可否认，这种说法听起来有点不合情理，不过你说得愈少，就愈能让人印象深刻。用明确和简单取代繁杂和啰唆，大家就会继续和你打交道。

关键思维

所有伟大的事物都是简单的，其中有许多可以用一个词语描述，例如：自由、正义、荣誉、责任、慈悲或希望。大致说来，简洁的词语最好，而使用已久的词语更是好上加好。

——丘吉尔

要与人交心，有 3 个词语至关重要：简洁、幽默、重复。让我再强调一遍！

——丹尼尔·平克，美国企管作家

你第一次说一件事，人家会听到；第二次说这件事，人家会注意到；第三次说的时候，人家才会确实了解到。

——威廉·雷斯塔特，IDEC 药厂 CEO

没有安全感的经理人会制造复杂。害怕而紧张的经理人会在厚重、繁复的计划书和让人眼花缭乱的幻灯片里塞满他们从小到大所知道的一切。

——杰克·韦尔奇，通用电气前CEO

3. **营造让所有人乐在其中的体验**

如果你说的内容有趣又好玩，别人就容易与你交心。你可以采取下列7种方法，让简报变得有趣：

（1）对听众负责——全力吸引他们的注意力，并用令人难忘的语言让他们从头到尾都保持注意力。卓越领导者不会用“不接受就拉倒”的态度任意抛出想法。他们会吸引听众并营造出绝佳的体验。

（2）用听众听得懂的方式沟通——用让他们有感觉的方式来叙述你的想法。将你要说的内容和他们每天面临的挑战联系在一起，让你的简报变得生动起来，因为它和听众切身相关。

（3）营造绝佳的开场白——在一开始就抓住听众的注意力。开场白可以运用幽默的方式提出问题或是使用视觉辅助工具等等。总之要做些能让场子活络起来的事情。

（4）让听众动起来——要真的做点动作。鼓励他们做笔记、提问，甚至站起来走动一下。通过和你互动，他们会享有更好的体验。

（5）运用令人难忘且能不断引起反响的句子——在简报结束之后仍会被大家铭记在心的句子。到了今天，马丁·路德·金仍然因为“我有一个梦想”的演说而被大家铭记在心。你也可以去追求同样伟大的成果。林肯的盖茨堡演说，就以“民有、民治、民享的政府”这句话为核心。

（6）运用视觉效果——用实际范例让你的主题变得生动。如果无法这么做，就要试着运用能激发听众想象力的言辞。让故事变得生动会产生良好效果。

（7）说故事——要抓住听众的注意力并让他们乐在其中，故事永远是最好的中介。用温馨感人的故事带出你想让听众了解的论据，他们会因此而喜欢上你。所有卓越的沟通者都会充分利用故事，你也应该这么做。从很多方面来说，要成为卓越的沟通者，关键就是要成为能吸引别人来听自己说话的人。看看那些与你交心的人身上具有哪些你喜欢的特质，然后在简报时加入这些元素。

关键思维

平均而言，我们告诉潜在顾客的内容，他们只会记得一半。1小时之后，他们对原本记得的那一点内容，还会再忘掉10%。再过一夜之后，你猜会怎样？又会蒸发20%。然后经过早餐时段的匆忙、高速公路上闪开两次差点发生的车祸，还有看完老板在自己桌上留的纸条之后，他们又忘了10%。所以在我们以为潜在顾客考虑提案的这段时间里，他们其实正在把提案给忘掉。

——泰瑞·史卓登，演说家及训练师

现在大家脑中都有个遥控器，如果你无法引起他们的兴趣，他们就直接把你关掉。

——麦尔纳·马诺夫斯基，管理顾问

4. 讲述鼓舞听众的内容

不论你是否察觉，每一个人都希望得到鼓励。有效的沟通者能够交心，就是因为他们能够鼓舞人心。这一切可以归纳成一个相当简单的公式：

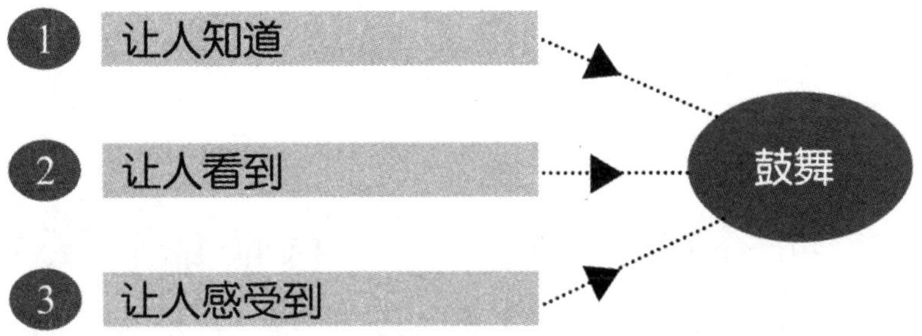

沟通者要鼓舞人心，就必须利用下列 3 项因素：

（1）让人知道——你必须了解听众的感受、渴望、期待、恐惧和兴趣。只有让听众相信你能了解并且看重他们的需求，他们才会对你产生信任。如果能关注听众的想法、说法和行为，并且设法让简报内容与其方向一致，你就能成功交心。要在他们已知的方面下功夫。

（2）让人看到——微笑自信地提出某件事物的益处。换句话说，你必须让听众通过视觉感受到你的自信。听众会快速判断你是否相信自己所提的主张。如果你看起来并不相信自己所说的，那就等于无效沟通。如果他们觉得你的话十分可信，他们就会坐直身子注意听。要记着，“平凡的老师靠说，好老师靠教，而杰出的老师则靠示范。”

（3）让人感受到——你对主题的热情、自信心以及对听众的感恩之心。热情能让人印象深刻，但是听众还想知道该怎么做才能取得应有的成果。他们想看到你非常有信心，奋发努力地去做事。他们想感受到你对他们个人以及他们所提建议的感激之情。你必须表达这一点，这样大家才能感受到。

光是让听众觉得有趣或开心并无法使你与他们

交心。你必须引导听众按照你所说的内容采取行动。换句话说，你必须用他们能理解的说话方式，给他们提供达成目标的方法。懂得交心的人会让人知道该去做什么，并马上就去全力行动。

关键思维

鼓舞并不是为了得到喝彩——它的价值并不在于可能创造惊奇或是在他人心中激起的正面感受。鼓舞的真正考验在于行动，而只有行动才能看见成果。如果你非常希望与人交心，就要尽力去鼓舞他人。

——约翰·C. 麦克斯维尔

管理是说服人去做他不想做的事，而领导则是鼓舞人去做他从没想过可以做到的事。

——史蒂夫·乔布斯，苹果公司前CEO

5. 说到做到

在沟通和领导上的可信度，取决于你是否正

直。如果你足够正直，大家就会自然而然地信任你；如果你不够正直，你的诉求就会让人觉得空洞，无法鼓舞人心。沟通成效的优劣，还取决于你传达诉求时展现的个人特质，而不取决于诉求本身。

要让自己正直：

（1）别忘了，你代表你想传达的诉求——你交心的第一个对象就是你自己。要接受真正的自己，真心相信并且坦然面对自己讲述的内容。

（2）开诚布公地承认自己的错误——必要时还要加以补偿。这么做会大大增强你的可信度，表现出你的正直。托马斯·杰斐逊曾说：“如果不得不低头认错，你就得趁着错误还不严重时赶紧做。”

（3）要负起责任——许下承诺。别人会评价你的行为，并根据表现来评断你这个人。大家都会这样做。如果你能履行承诺说到做到，你就可以营造出彼此信任的氛围。

（4）身先士卒——言行一致，这样你才有资格说：“跟我走。”如果领导者能以身作则，做到该做的事，他就会拥有一种毋庸置疑的领导能量。以下是一些绝佳的范例：

◎美国南北战争时期的罗勃特·李将军，最为人称道的事迹就是在大战前夕巡视部队，而不是睡觉。

◎第二次世界大战时的美国名将乔治·巴顿将军，经常会乘坐装甲坦克车进入战场，鼓舞部队全力奋战。

◎拿破仑在战斗时经常会亲自上战场。拿破仑的敌人威灵顿公爵曾说，拿破仑亲征就等于增加了 4 万人的部队。

（5）陈述事实——不论结果如何。大家喜欢实话实说的人，他们会尊重你的坦率。这么做会大幅提升你与人交心的能力。

（6）愿意示弱——坦率承认自己的弱点。不要表现得无所不知，要承认自己同样是一路摸索过来的。人们往往会与那些承认自己弱点并寻求帮助的人建立起深刻的关系。

（7）一以贯之——不论他人目前的状况是好是坏，都以要同样的方式对待。希望别人怎么对待自己，就用相同的方式去对待别人，不论对方的角色是什么。这样大家就会信任你并愿意与你交心。这说来容易，做起来难。

（8）举出例证——要用令人瞩目的成绩来让别人知道你是个可信的人。成绩的说服力非常强，有成绩自然就有可信度。卓越沟通者所述说的话，都有自己的亲身体验为证。

想有所成就或做出具体成果，就必须善于沟通，更重要的是要能与人交心。而要长期持续与人交心，你就必须身体力行。从自己开始，确保自己所说的话与自己的感受以及日常行动一致，那么你的成就将不可限量。

关键思维

成绩的说服力最强。如果想建立可信度，那么在说出诉求前，你就要先做出成绩。去做那些自己想要其他人去做的事，通过亲身体验来传达想法。唯有身体力行才能够做到这一点。当你做到的时候，结果会令人难以置信。

——约翰·C. 麦克斯维尔

沟通向来是提出要求，要求听众变成某种人，采取某种行动或相信某件事。沟通一向是通过激励来实现的。

——彼得·德鲁克，管理大师

判断力

Judgment

How Winning Leaders Make Great Calls

原著作者简介

诺埃尔·蒂奇（Noel Tichy），美国密西根大学商学院教授、全球领导力课程负责人。他为全球企业组织提供咨询服务，也曾担任通用电气公司管理教育经理。著有《通用传奇》《领导引擎》《领导循环》等书。毕业于科尔盖特大学及哥伦比亚大学。

沃伦·本尼斯（Warren Bennis），美国南加州大学企管教授，也为多家全球500强企业及世界级领导者提供咨询服务。他曾为4任美国总统担任顾问，被公认为当代领导学之父。著有《领导者该做什么》《再造领导力》等书。毕业于安提亚克大学及麻省理工学院。

本文编译：叶心岚

主要内容

主题看板

领导的成败

明智判断是卓越领导的关键。有了明智判断，其他事情就都不再重要；少了明智判断，其他事也就都不重要了。

领导者往往会通过一个良好或糟糕的判断而给世人留下深刻印象。在面对模棱两可、不确定和冲突的需求时，领导者判断的品质会影响整个组织甚至国家的命运。

尽管如此，做判断却一直是一个不明确的概念。光凭常识或直觉做判断会有什么结果？人可以靠运气或聪明才智做出判断吗？做明智判断，是否存在一个固定流程？为什么有些领导者能持续做出优于其他领导者的判断呢？

诺埃尔·蒂奇和沃伦·本尼斯两人都是领导学研究与教学领域中的重量级人物，担任过多位成功决策者的咨询顾问。他们结合自身体会与知识，提出做判断不是单一孤立的行为，而是一个对相关事件进行综合处理的复杂流程。他们全面剖析了判断的 3 个方面，从时间过程、涵盖领域和资源掌握角度进行了一一阐释：

◎时间。要产生预期目标，就必须在判断前后完成准备、决定及执行 3 个阶段。

◎领域。攸关组织生存与健全发展的重要因素，不外乎人事、决策与危机处理。

◎资源与支持。领导者必须善用个人、社交人脉、组织及关系人的知识，做出明智的判断。

一 时间

领导者做判断，事实上并非发生在独立或单一的时间点上。判断往往发生在从准备阶段到后续执行阶段的整个过程中。总的来说，这几个阶段都很重要。

判断很少针对突发状况或必须即刻行动的事情做出。在大多数情况下，判断都是处理一堆相关事件的复杂流程。

判断过程通常包括 3 个阶段：

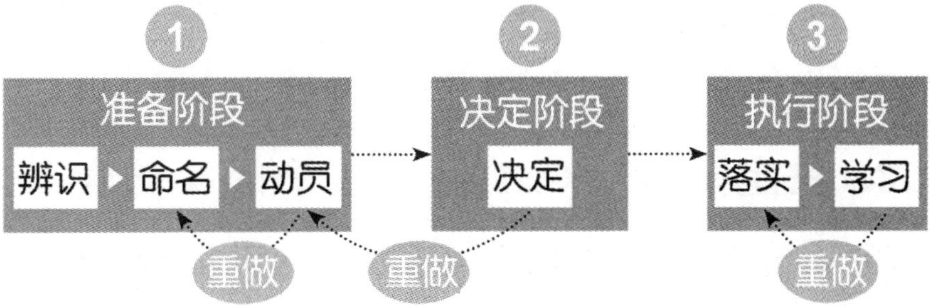

1. **准备阶段**

在这个阶段，人们通常意识到有某个重要的议题需要在未来某个时点上做出判断。

优秀的领导者会界定议题的架构，给出一个和组织内每个人都息息相关的命题。就像杰克·韦尔奇在20世纪90年代对通用电气采取的方法：“我们是一家拥有竞争性产品的服务公司，而不是提供附带服务的产品公司。”

一旦界定了关键议题的架构且将其命名后，优秀领导者就能召集有能力贡献的人加入其中。这个任务可能相当棘手，因为你既不想找太多人，又需要确保问题的所有层面都能得到彻底的研究和分析。你需要每个能帮你做出明智决策的人都有机会贡献自己的力量。

2. **决定阶段**

搜集完所有信息后，领导者便得做出最终决策。做决策必须明确果断，而不能四面讨好。通过做出困难的决定，领导者将指出组织未来前进的方向。

3. **执行阶段**

这是明智判断的关键环节。领导者应该动员所有的组织资源来努力达成正确的事情。好判断通常会产生好结果。这做起来应该不会太难，因为每个人都知道正确的做法是什么。

持续不断地学习与调整也非常重要。要提高结果的品质或数量，你一定得找出做调整的时间。另外还有几点要铭记在心：

（1）判断过程不是线性的，而是一种“重做回路”。领导者可以在回路中，依据新信息随时重新检视并改变方向。这也是事件发展的一般常态。

（2）成功领导者经常运用心理因素或概念来协助组织做出明智判断。常见的情况是通过令人信服的故事情节来将决策带入真实情境。花力气说故事是值得的，因为故事可以将各自独立的元素相互联系起来，协助人们面对复杂和充满不确定性的情况。故事也是一种很棒的手段，因为它是有机的——你可以随时加入或移除某项元素。通过引发组织人员共鸣的剧情，各个不相干的部门可以整合成一股团结的力量。

（3）卓越领导者要有品德和勇气。品德提供道德规范，让人们即使在无人监管时，也能朝正确方向前进。有品德的人重视价值观，他们会为自己定出清楚的准则。勇气则会创造结果，困境和挑战只能吓住意志不坚的人。空有品德却缺乏勇气通常成不了事，但是有勇气却没品德的领导者往往极度危险。

明智判断取决于你的想法，也取决于你的知识、智慧与价值观。你要有搜集及处理信息的能力。形成和引导判断过程的能力会在终生学习的脉络中展现出来。事情出状况往往是因为领导者在基本问题上搞砸了。

长期成功是明智判断的唯一标准。明智判断不是“手术成功，但患者死亡”，也不是“他表现出色，但结果不佳”。唯有达成公认的目标，判断才算是成功。热情、善意和努力工作可能有用，但少了好的结果也是枉然。

关键思维

管理阶层的最终考验就是企业绩效。成绩仍然是判断的证明和目标，而不是知识。

——彼得·德鲁克，管理学大师

二　领域

领导者通常会在 3 个重要领域做出最重要、影响最深远的判断。

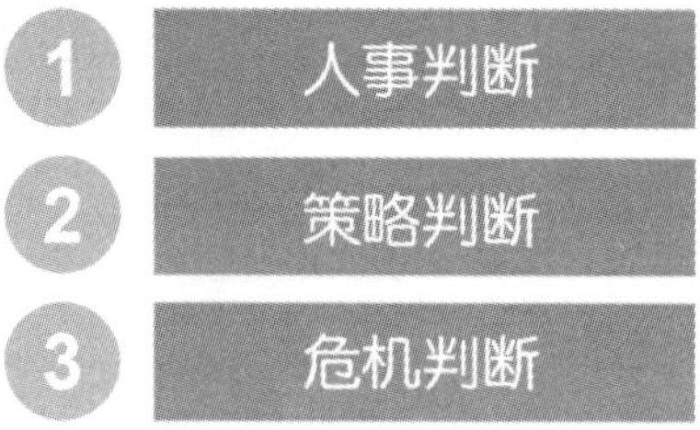

1. 人事判断

人事判断是 3 个领域中最复杂的部分，因为：

（1）你对其他人做出的决定，将会影响他们未来所做的决定。这些决策通常会带来许多后果，并非只是一次性的。

（2）人事判断是在动态环境而非静止状态下完成的。动态环境可能很快就变得非常复杂。

（3）做人事判断时会有各式各样的情感因素的影响。不论你多么精明务实，个人的感觉和情感还是会影响你对他人的判断。如果你喜欢那个人或感受到某种情感联系，你支持他的几率就会大增。

在职业生涯中，你可能做出的最重要的人事判断，就是“谁加入”或“谁退出”之类的决定。而在组成值得信赖的团队之前，你不可能做出健全的决策判断，因为人事政治将对你产生影响。

从另一方面来看，人事判断也有其独特性。当做出策略判断或是决定如何面对危机时，你处理的大多只是该领域的问题。然而当你做人事判断时，实际上你必须经历整个领导判断的过程。

人事判断之所以是首要领域，是因为只有和值得信赖的人组成团队，你才能做出明智的策略判断或危机判断。内部的人事政治将破坏那些对企业有利的决策。

接班人是非常关键的人事判断。优秀的组织会在各阶层中同时打造未来领导者晋升的通道，培养及储备各种人选。这是非常重要的。

关键思维

人事判断是领导者必须面对的最重要判断，因为它对公司所做的每件事都影响重大。策略判断也很重要，因为它决定了公司的目标和进程。同样，危机判断也很重要，因为它摆明了会威胁组织健全发展的因素。当然，如果它们的风险不致酿成灾害，就称不上是危机。归根到底，事情做好还是做坏都是人造成的。优秀的团队成员能弥补错误的决定，而差劲的成员却可能将最出色的决策都搞砸。

——诺埃尔·蒂奇　沃伦·本尼斯

2. **策略判断**

策略判断会直接影响组织未来的前进方向。

为了做出卓越的策略判断，必须具备以下两项要件：

（1）拥抱“可传授观点”——可以和他人分享的、关于组织未来的观点。对通用公司 CEO 伊梅尔特来说，如果只是让通用公司继续扮演伟大企业的角色，那很明显是不够的——通用公司必须建立起回馈社会的传统，同时扮演世界企业中模范生的角色，使通用在全球所有地区都做出更大的贡献。这种可传授观点是策略判断的概念基础。

（2）提供“故事情节”——回答以下 3 个基本问题：

◎我们现在在哪里？

◎我们将来要往哪里去？

◎我们将如何到达目的地？

实际上，故事情节可以为可传授观点注入生命，使它和人们产生联系。故事情节为许多决策提供背景，指明通往未来的渠道或路径。

扎实的策略判断几乎总是同时包含可传授观点和动人的故事情节。和所有明智判断相同，遵循以下程序的策略判断最有成效：

◎准备阶段。

◎决定阶段。

◎执行阶段。

请看把这个程序完整呈现的最佳例子。

背景：百思买集团在2007年已经是非常成功的消费类电子产品大众市场零售商，旗下有逾1100家零售网点，拥有超过14万名员工，在北美的市场占有率超过20%，销售收入达360亿美元。不过在2002年，情况可没那么好。当时百思买正面临多家竞争对手的挑战，它们都想从数码设备、电子和娱乐产品的整合中获利。

百思买的新CEO布拉德·安德森做出决定，决意将公司从标准化的产品中心，转型为以客户为中心的零售公司。

准备阶段：布拉德·安德森在2002年被任

命为百思买的 CEO。公司当时股价在连续 5 年走高后忽然大跌，因为戴尔、沃尔玛和亚马逊全都宣布要扩大消费类电子产品的市场占有率。

安德森的应对方式是向百思买的资深管理团队提出必要的新策略。新策略被命名为“客户中心行动”。在 6 个月的时间里，由 100 多位资深领导者组成的管理团队针对百思买开发新客户价值提案。该团队拜访客户、分析资料并展开讨论。这是将眼光放远，对百思买进行重新定位的有益尝试。

决定阶段：百思买的新策略并非来自灵光一现，而是来自 6 个月的准备工作。百思买必须在 2003 年春季前达成客户中心策略的共识。到了 2003 年 5 月，公司选取了 6 个客户区块，包括企业客户、高收入女性和高收入男性等，对每个区块均指定了一名领导者以及全职团队，以推动该区块进入目标店面。当所有咨询结束时，公司决定继续推动转型。

执行阶段：百思买在接下来的几年里一直持续推动新策略，取得了不凡的成就。2005 年，在百思买店面里出现了各种不同的客户中心元素；到了 2007 年，几乎所有的百思买店面都以新的客户中心模式进行运营。除了向地方市场提供量身定制的产品和服务外，百思买还在内部鼓励员工像企业家一样思考，做出支持客户中心的判断，而不只是遵守预先设定的政策或程序。

百思买知道，65%左右的购买行为是由女性直接控制的，而 90%的购买活动都会受到女性的影响。尽管如此，百思买在过去还是一贯由男性进行领导（和多数竞争对手相同）。为了应对这一问题，百思买在公司内部推动女性领导者论坛，目的是协助更多女性员工进入领导层。

关键思维

我告诉通用的员工："如果要做的只是维持原状，公司现有的动能就已经足够——你们肯定不需要我。”领导者带动改变，那就是我的工作。

——杰夫·伊梅尔特，通用公司 CEO

当韦尔奇在 1981 年首次出任通用电气 CEO 时，他要求公司各事业部负责人齐聚一堂共同进行业务探讨。许多部门负责人让策划人员向 CEO 兼副主席报告部门策略，把业务讨论会几乎变成了一场学术研讨会。韦尔奇有时会要求部门负责人就某个问题作答，但负责人却转而要求策划人员进行回答。韦尔奇觉得这很愚蠢——策略必须是领导者负责，而不是幕僚人员。韦尔奇以他一贯的风格做出了非常明确的决定。他在几年内开除了所有的策略规划人员，让各事业部门负责人清楚地知道他们必须自行做出策略判断。综合分析各项资料并为公司提出策略性判断是领导者的责任。

——诺埃尔·蒂奇　沃伦·本尼斯

3. **危机判断**

每位领导者迟早都要处理危机。卓越领导者必须能够担负起危机处理及应对的责任。他们必须让组织事先做好万全准备，以便在危机发生时做出有效的回应。

在危机时刻做出明智判断，其实和在压力环境下做出判断是同样的模式。危机判断也同样有准备、决定和执行阶段。唯一的差别是聪明领导者会在危机来临之前做准备。即使不知道最终会出现什么危机，他们还是会事先做好妥善准备。

要在危机中生存，甚至在意外事件出现之前就脱身而出，你必须做到 3 件事：

◎有密切合作且高度信任的团队。

◎已经对组织提出了实际可行的可传授观点和生动的故事情节。

◎作出承诺，同时利用危机培养组织内其他的领导者。

对组织领导者而言，危机处理必须事必躬亲，不能假手他人。特别是在许多公开场合，应该让人们看见领导者站在第一线。在危机时刻的混乱中，领导者很容易忽略最终使命，这是不对的。无论面对什么危机，你都不妨暂停片刻，思考你将如何利用这次危机来更接近自己的目标。

通过采取明智的行动，你或许能发现黑暗中的一丝曙光——它通常埋在眼前危机的最深处。如果能有明智且清楚的策略以及运作良好的聪明团队，你就可以尽自己的最大所能，做好危机处理的万全准备。

提到危机处理，真正的专家应该是急诊医生、消防员及军人。这些人总是日复一日地做出生死攸关的即时决策和判断，不论他们掌握的实际相关资料多么有限。

无可否认，多数企业危机都不会产生即刻的毁灭性后果，因此通常领导者会有较多时间来做决策。如果在人事和策略的领域都已做出健全判断，那企业发生危机的可能性还会进一步降低。即使如此，挑战和危机仍然可能随时出现。

请看福特汽车公司进行危机判断的例子。

背景：2001 年，配备火石轮胎的福特探索者汽车开始引起社会关注，因为这款车容易发生翻车的危险。在一开始根本不清楚谁该为此瑕疵负责的时候，福特公司 CEO 贾克·纳塞尔就站出来承担责任。

危机判断：

◎纳塞尔在福特公司成立了危机监控室，亲自领导危机处理小组。

◎纳塞尔界定并为这场危机命名，决定先对客户作适当处理，然后再追究谁该为此负责。

◎纳塞尔接下处理问题的工作，成为福特公司针对这场危机的发言人。

◎纳塞尔召集人马并接受可传授观点，而他自己则处于执行核心。这个可传授观点就是使福特从美国三大汽车制造商之一，转型为世界上提供最好汽车产品和服务的消费者公司。

背景：火石轮胎的灾难让福特公司损失了约 21 亿美元。纳塞尔后来也被赶下了 CEO 的位置。一般观点认为他太过于专注探索者汽车的危机，以至于没时间保护自己躲过来自高层管理团队内部的威胁——部分管理高层利用这场危机组成了小团体，向比尔·福特施压，逼走了纳塞尔。

关键思维

组织领导者最重要的任务是预测危机——危机或许无法避开，但要能预测。

——彼得·德鲁克，管理学大师

危机影响时机。意料之外的事件可能造成混乱。当然，危机中出现混乱是无法控制的。不过当人们处于混乱中时，往往会试着掌控情况。我向来认为，处理混乱局面的最佳方法就是试着和混乱保持距离。稍微拉开距离，然后尝试了解正在发生的事情。混乱有时确实会带来机会，而这些机会平时就不会出现。

——韦恩·唐宁将军，美国特种部队创设人

通常来说，领导者之所以会做出拙劣的危机

判断，不是因为他们缺乏明确的可传授观点和故事情节，而是因为他们做出了差劲的人事判断。能够有效处理危机的领导者必须拥有密切合作的团队，否则就会在最需要协调行动之际，团队却因为面对危机而四分五裂。差劲的人事判断或拙劣的策略判断都可能导致危机发生。危机一旦发生，团队能否相互合作将是存亡的决定性因素。

危机常常会不知从哪里突然跳出来咬你一口。但在多数情况下，危机都是先前做出的一项或多项拙劣判断所造成的结果。这其中最可能导致灾难的拙劣判断，通常和人事有关。

——诺埃尔·蒂奇　沃伦·本尼斯

三　资源与支持

领导者的判断品质很大程度上取决于安排资源和与他人互动的能力。杰出领导者会运用 4 种知识来尽其所能地做出最好判断。

1. 个人的知识
2. 社交人脉的知识
3. 组织的知识
4. 关系人的知识

卓越领导者是终身学习者。他们创造并获得知识，所以能够在生涯中采取聪明的方法，做出愈来愈明智的判断。最优秀的领导者通常会努力改善自己，同时也会培养共同努力者成为下一代领导者。这是卓越领导的核心。

实际上，高效领导者会尽全力充分利用 4 种不同类型的知识。

1. **个人的知识**

这句话听起来可能不合情理，但领导者必须同时兼具自信和谦卑。在教导他人的同时，领导者个人也需要学习更多知识。

这包括：

◎以历史上其他高效能领导者为标杆，学习他们用来提高成就的想法和技巧。

◎与管理团队中的其他成员合作，定期且持续地共同学习。

◎建立正式的学习平台，让组织人员可以顺利地学习。

◎反省并思考——找时间反省过去发生的事情，从经验中汲取教训。

◎不断更新并完善可传授观点，随时加入新的元素。

在指导他人提高判断能力的同时，努力让自己变得更好，这是优秀领导的关键之一。领导者要明白自己并非无所不知，所以必须持续追求知识。这样你才可以和其他能够帮助你的人一起合作。

关键思维

我想彻底了解领导是什么，因为我从不认为领导是天生的。我相信领导者之所以能在人生的某个时点上被赋予领导的使命，是因为他们有一个行动号召，他们发出呼吁，他们想让某件事情发生。他们选择了加入这场改变身边环境的战争，他们跨步向前，选择承担领导者的风险……关键在于忠于自我，对自己以及自己所关心的事物满怀热情，然后享受这一切。

——艾伦·拉夫雷，宝洁公司 CEO

领导的第一步就是深入探索自我。这是一场深入灵魂的激情之旅。你能多快地做出改变？你是否愿意接受反馈意见？你能不断学习吗？我非常幸运，因为我能够和我喜欢的人一起从事我喜欢的工作。但在这背后的是我内心燃烧的渴望，是它让我竭尽所能地进行这段旅程。

——杰夫·伊梅尔特，通用公司 CEO

2. **社交人脉的知识**

强势领导者知道事必躬亲是件多么疯狂的事。因此，他们通常会建立一个由关系密切、值得信赖的顾问组成的团队。如果你也想成立类似团队，那么你就需要可以和你激烈地讨论议题、严谨地观察并且能够发挥不同专业所长的一群人。

谁才能进入你的“核心团队”？简单来说，他必须值得信赖，意见要有价值。如果有这样的团员，你就能做出更明智的判断。此外，团队的技能组合多样化也是绝对必要的，否则你最后得到的意见会充满盲点。

你希望团队成员贡献的知识包括：

◎关于公司某些领域的专业知识和深入了解。

◎行业知识，特别是消费趋势和预测。

◎关于组织能力、网络、处理流程等实务方面的理解。

◎关于关键客户、法律法规及供应商的最新信息。

◎通过私人交情或专业知识取得的非公开领域信息。

◎基于公司或行业外部体验而带来的不同观点。

◎具有创造性的问题解决技巧和能力，最理想的是能提出打破行业惯例的创造性解决方案。

关键思维

决定将谁留在身边以及向谁咨询，或许是领导者需要做的最大判断。建立具有知识创造力的社交人脉，是成功领导者工作的重心之一。

——诺埃尔·蒂奇　沃伦·本尼斯

3. 组织的知识

愈来愈多组织发现，要在全球市场维持竞争力，就必须善用所有人员的脑力。而要大规模培养判断能力就必须创造一套流程，让每个人都能参与其中，增强自身做出明智判断的能力。

你可以利用 3 种方法来鼓励大规模的知识创造：

（1）建立操作系统——例如预算程序、策略方程式、接班计划等。此系统的关键部分是整合学习和知识分享。如果你能将传统的官僚系统转变为学习和培养判断力的机制，组织知识就会扩增。

（2）让每个人参加开发领导力的活动。这些活动可以是正式研讨会或工作坊，在各个事业部门中轮流举行。此方法的关键是为知识创造备妥所有工具，在组织变得聪明的同时，训练下一代的领导者。

（3）设立正式的、大家都能使用的大规模企业知识创造平台。有了这个平台，第一线的员工就能学到该如何做出更好的判断。资深领导者可以传授他们在职业生涯中学到的一切。平台可以分享案例，同时也能解决客户遇到的问题。

善用这3种方法，组织就可以在提高获利的同时，学到提升客户满意度的方法。关键是持续地创造并普及知识。

4. **关系人的知识**

重要关系人知道许多有用的事物。所以你应该和董事会成员、顾问、供应商、客户及社群合作，充分利用他们的知识。这也是另一项值得探索的重要知识。

实际上，从关系人处撷取信息并将其整合至日常业务中的方法有很多，包括：

◎邀请董事会成员参加公司的工作坊和训练课程。

◎仔细观察组织处理环境和人力资源挑战的方式。尽可能制订出与地方社团紧密联系的发展策略。

◎开办正式的商业学院以训练未来的领导者。你可以不必亲自出马，只需要和地方社区大学或其他教育机构合作。

◎成立关系人议会，涵盖所有外部关系人：

——客户。

——供应商。

——企业伙伴。

——投资人。

——行业协会。

——管理单位。

——利益团体。

——社群团体。

◎要记得，在运营过程中，你对社区的回馈愈大愈好。这种举措通常是非常不错的双向学习体验。

关键思维

判断是领导力的重要基因。对领导者的评价最终仍取决于其组织的绩效表现。组织的表现与许多因素息息相关：有些影响很大——例如由谁负责关键工作；有些影响较小——例如产品上市政策。但不论这些绩效因素是大还是小，都需要领导者进行判断。也就是说，无论取得多少资料，领导者都必须决定采取行动的时间和方式。

——诺埃尔·蒂奇　沃伦·本尼斯

真正重要的不是领导者做出了多少正确判断或是正确判断的比例有多高，而是所有判断中正确的重要判断数量有多少。优秀领导者不只要做出好判断，还要有能力分辨什么才是重要的判断。

——诺埃尔·蒂奇　沃伦·本尼斯